KB233669

정일균의 인ㅅ터뷰

정일균이 만난 사람들

정일균이 만난 사람들
정일균의 인ㅅ터뷰

초판발행 | 2026년 2월 27일

지은이 | 정일균

펴낸이 | 신중현
펴낸곳 | 도서출판 학이사
　　　　출판등록 : 제25100-2005-28호
　　　　주소 : 대구광역시 달서구 문화회관11안길 22-1(장동)
　　　　전화 : (053) 554~3431, 3432 팩스 : (053) 554~3433
　　　　홈페이지 : http : // www.학이사.kr
　　　　이메일 : hes3431@naver.com

ⓒ 2026, 정일균
• 이 책은 저작권법에 따라 보호받는 저작물이므로 무단복제를 금합니다.
　내용의 전부 또는 일부를 이용하려면 반드시 저작권자와 학이사의 서면
　동의를 받아야 합니다.

ISBN _ 979-11-5854-610-6 03330

정일균의

interview

學而思 | 학이사

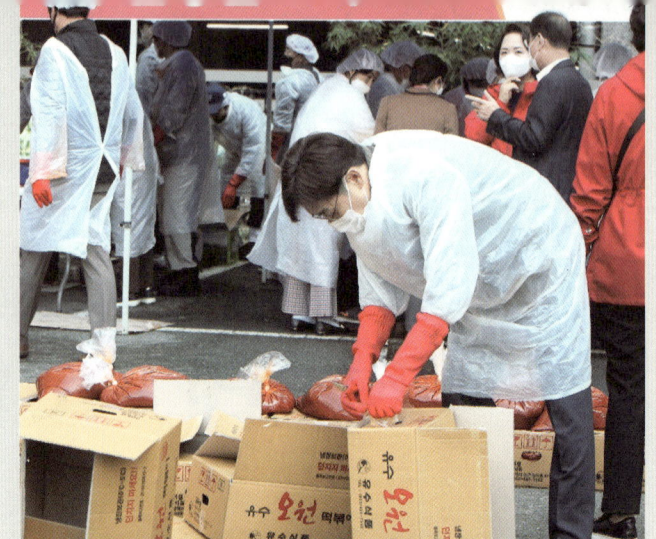

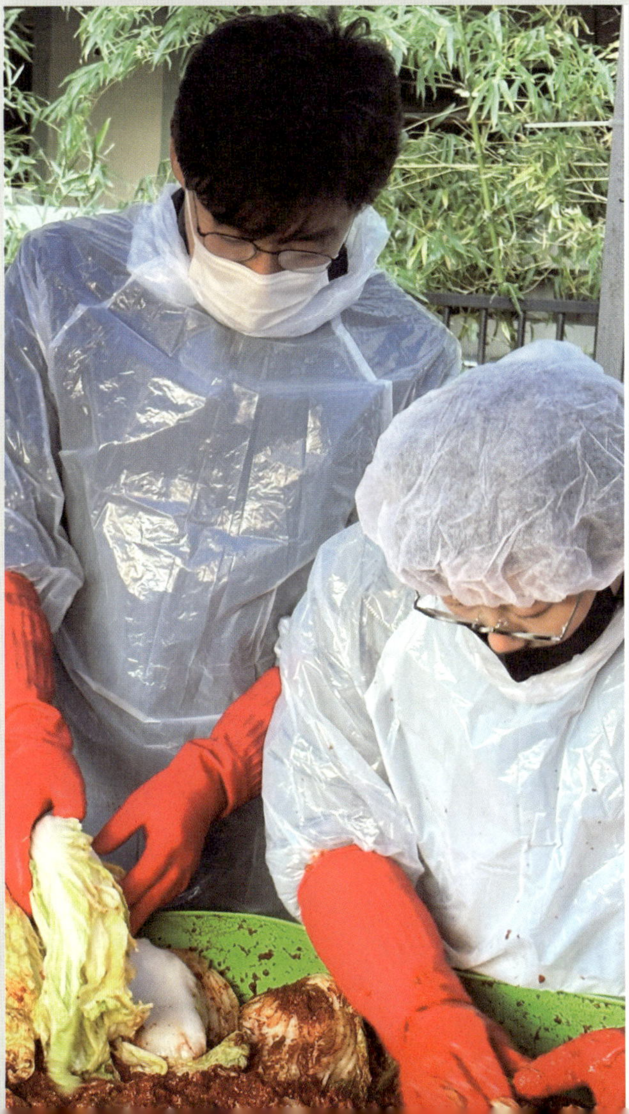

ınterviewer

정일균

15인의 이야기를 담은 인터뷰어

정치를 하며 수없이 많은 말을 해왔지만, 정작 가장 오래 마음에 남는 순간들은 말을 멈추고 누군가의 이야기를 들었던 시간들이었다. 책상에 앉아 정리한 문서보다 주민 한 사람의 생활 속에서 나온 한마디가 더 오래 머물렀다. 이 책은 내가 그렇게 만났던 사람들과의 대화를 기록한 것이다.

인터뷰라는 형식을 빌렸지만 만남들은 언제나 계획대로 흘러가지 않았다. 준비한 질문에서 금세 벗어나고, 대신 각자의 삶이 쏟아져 나왔다. 아이를 키우는 부담, 일터에서의 불안, 사라지지 않는 지역의 문제들, 그리고 누구에게도 쉽게 꺼내지 못했던 마음까지. 나는 그 앞에서 정치인으로서 답을 내놓기보다, 한 사람의 이야기 앞에 서있는 또 다른 한 사람으로 남고자 했다.

주민들의 말은 종종 정책의 언어와 어긋나 있었다. 숫자로 환산하기 어렵고, 제도 안에 깔끔하게 담기지도 않았다. 그러나 바로 그 지점에서 정치가 시작된다고 믿게 되었다. 제도는 삶을 따라가야 하고, 정책은 현장의 언어에서 출발해야 한다는 사실을 이 만남들을 통해 다시 배웠다.

이 기록들은 성과를 정리한 보고서가 아니다. 오히려 내가 무엇을 아직 모르는지, 무엇을 더 책임져야 하는지를 확인하기 위한 기록에 가깝다. 주민 한 사람의 얼굴과 목소리를 기억하지 못한다면, 그 어떤 정책도 공허해질 수밖에 없다는 사실을 스스로에게 되묻는 과정이기도 했다.

이 책에 담긴 이야기들은 모두 현재 진행형이다. 어떤 문제는 여전히 해결되지 않았고, 어떤 변화는 이제 막 시작 단계에 있다. 그럼에도 이 대화들을 책으로 묶은 이유는 분명하다. 정치는 결국 사람을 향해야 하며, 그 출발점은 언제나 '듣는 일'이라는 것을 잊지 않기 위해서다. 이 책이 그 약속을 스스로에게 다시 새기는 기록이 되기를 바란다.

ınterviewee
CONTENTS

김경민

수성구의회 의원
前 수성구의회 부의장
수성구의회 운영위원회 부위원장
수성구의회 문화복지위원회 위원

정치는 한 시대를 건너는 다리다.

먼저 건너온 세대가 다져놓은 길 위로, 뒤따르는 세대가 다시 미래를 건설한다. 그 끝없는 여정 속에서 우리는 늘 묻는다. 누가 다음 길을 열고 있는가! 우연찮게, 어쩌면 필연적으로 이 질문의 답을 줄 사람을 만났다. 대구 수성구의 구의원. 그의 이름 앞에는 '청년'이라는 든든한 수식어가 붙어있었다.

정치가 기성세대의 전유물로 여겨지던 시절은 이제 끝났다. 더 늦기 전에 현실을 바꾸어야 한다는 절박함, 그리고 그 절박함보다 더 큰 희망을 품은 세대가 지방의회 한복판에서 목소리를 내고 있다. 예산서의 숫자를 들여다보고, 민원의 맥락을 정리하고, 행정의 언어를 주민의 말로 다시 번역하면서 그는 틀림없이! 우리의 힘에 의해 세상이 바뀔 수 있다는 믿음을 품고 있을 것이다. 그래서인지, 그의 목소리엔 망설임 없는 '시작의 패기'가 실려있었다.

청년의 시선은 때로 행정의 관성을 비춘다. 당연하게 여겨져 온 절차, 익숙하다는 이유로 지나쳐 온 문제들. 청년 정치인의 거창한 말보다, 현장에서 마주한 작은 불편과 질문들을 차분히 얘기 나누고 싶었다. 그 얘기들이 결국 '정치는 누구를 향해야 하는가'라는 오래된 물음에 답으로 이어질 것이기 때문이다. 그것이 결국은 그가, 또 내가 믿고 있는 '우리의 힘으로 세상을 바꿀 수 있는' 바탕이 될 것이기 때문이다.

이 청년 구의원을 인터뷰하는 일은 단순히 그가 '젊어서'가 아니다. 미래를 가장 가까운 거리에서 보고 있는 사람이기 때문이다. 지금의 청년들이 겪는 주거·일자리·공정의 문제는 더 이상 청년만의 문제가 아니다. 지역의 활력과 지방의 생존이 걸린 핵심 의제다. 그 얘기를 나눠보고 싶었다.

'내가 사는 지역의 활기찬 미래'를 꿈꾸는 같은 목표를 지닌 그와 나. 쉼 없이 달려온 50대의 시의원과 패기 있게 구정을 누비는 20대의 구의원이 한 지점에서 마주 보는 광경은 생각만으로도 설렌다.

정일균 의원님 반갑습니다, 반갑습니다. 같은 또래의 청년끼리 이렇게 마주 앉게 돼서 너무 즐겁네요.(웃음)

김경민 저도 너무 즐겁습니다.

정일균 농담입니다.(웃음) 유난히 청년들이 힘든 시대 아닙니까? 김경민 의원님께 인터뷰를 청한 이유는, 지역 정치의 현장에서 청년 의원이 바라보는 시각이 궁금하기도 했고요. 청년 의원의 때 묻지 않은 정치 철학을 통해서 우리가 어떤 희망을 좀 가져볼 수 있지 않을까 하는 기대가 있어서였습니다. 구의원이 된 첫날, 그 첫 순간을 생생하게 기억하고 계시죠?

김경민 그럼요. 제게는 첫 선거였으니까요. 아주 또렷하게 기억하고 있습니다. 그때 제 나이가 만 26세였습니다. 대학 졸업하고, 사회생활의 첫 시작이 곧바로 의정활동이 된 셈이죠.

정일균 인생의 첫 출발점이 정치가 됐다는 얘긴데, 굉장히 어린 나이에 선거에 도전했잖아요. 그때 지역민들의 반응이 어땠습니까? 극단적으로 엇갈리는 평들이 있었을 것 같은데요?

김경민 제 키가 191센티미터거든요. 젊은 데다가 키가 꽤 크다 보니 외모에 먼저 반응들을 하시더라고요.

정일균 잘생기기까지 하셨잖아요.(웃음)

김경민 긍정적으로 봐주신 분들은 정치가 새롭게 변화하길 바라는 기대를 많이 보내주셨고 반면에 '너무 어린 애가 나온 것 아니냐?'는 불신의 시선도 분명히 있었습니다. 희망과 우려가 함께 섞여있는, 그런 반응들이 고루 나왔던 것 같아요. 아무튼 그때 곳곳을 누비면서 많은 분들을 만났는데, 그제야 비로소 기초의원이라는 자리가 얼마나 지역과 밀착된 역할인지 실감했습니다. 생각보다 바뀌어야 할 부분도 많았고, 또 눈에 잘 드러나지 않게 지역을 위해

헌신하는 분들이 참 많다는 걸 느꼈어요. 그러면서 지역을
더 깊이 알아야겠다는 다짐이 강해졌던 것 같습니다.

정일균 제가 기억하기로는 학교 밖 청소년에 대한 문제,
청년의 삶에 관한 문제 그리고 주민 행정복지센터의 역할
이라든가 복지와 관련된 공약들을 내세우셨었죠?

김경민 아이고, 기억을 해주시다니 너무 감사합니다. 아
무래도 지역특화된 공약을 만들어야겠다는 생각을 많이
했었습니다. 내가 구의회에 들어갔을 때 과연 뭘 좀 잘 할
수 있을까 생각도 많이 했었고요. 그래서 이 분야 저 분야
열심히 공부하고 이곳저곳 현실적인 문제들을 열심히 들
여다봤었거든요. 모든 분야들이 중요했지만 그중에서도
특히 시급하고 미래를 견인하는 분야다 싶은 지점에 집중
을 했던 것 같습니다.

정일균 자, 그렇다면 그 공약들. 잘 실천하고 계십니까? 공약을 현실로 만드는 과정이 생각보다 훨씬 복잡하지 않던가요?

김경민 맞습니다.(웃음) 기초의원으로서 직접 의정활동을 해보니 만만치 않더라고요. 결국 모든 정책은 예산이 뒷받침돼야 한다는 걸 절실하게 느꼈습니다. 지역 기초의회나 구청이 가진 예산에는 한계가 있다 보니 공약을 단독으로 실현하기가 쉽지 않더라고요. 그래서 저는 고민 끝에 시의원, 국회의원, 구청장 등과 적극적으로 협업하는 방식을 택했습니다. 그래서 지역 발전에 필요한 일이라면 정당을 떠나서 함께 힘을 모으고, 국비나 시비를 확보하기 위한 활동이라든가 구정 방향을 제안하는 방식으로 공약을 현실화하기 위한 노력을 계속하고 있습니다.

정일균 사실 의원 한 사람의 힘으로 정책을 실현한다는 게 결코 쉬운 일이 아니죠. 새로운 정책을 제안하거나 방향을 제시하는 것만으로도 큰 의미 있는 공약 실천이라고 생각합니다.

김경민 저도 그런 생각으로 스스로를 다지고 있습니다. 복지나 청년 관련 정책은 대개 장기적이고 거시적인 내용이 많은데 이인선 국회의원님과 협력해 국비·특교세를 확보해서 사업을 추진하고 있고요. 또 수성구청에 새로운 방향을 제안한 내용이 실제 정책에 반영되는 등 가시적인 성과가 나타나고 있다고 생각합니다. 큰 보람이 있습니다.

정일균 보통, 20대의 나이에 정치에 입문하겠다고 결심하기는 쉽지 않죠? 이루고 싶은 꿈 리스트에 정치라는 단어가 있었나요? 저는 사업을 하다가 정치를 하게 됐는데 대부분은 그렇게 다른 일을 하다가 시의원, 구의원으로 입성하시거든요. 정치는 애초부터 간직했던 꿈이었습니까?

김경민 아뇨, 원래 기자를 꿈꿨습니다. 그래서 신문방송을 공부하는 '미디어커뮤니케이션' 학과에 진학했죠. 대학 4학년 때 총학생회장으로 활동했었는데 마침 코로나19가 가장 심각했던 때였습니다. 아시다시피 당시 대학들마다 등록금 반환 문제로 갈등이 생기면서 큰 사회적 이슈가 됐었는데 당시 저는 학생 대표로서 학교 측의 부당한 처사들, 개선이 필요한 부분들에 대해 적극적으로 목소리를 냈습니다. 그 과정이 언론에 다뤄지면서, 실제로 등록금 일부를 돌려받는 성과를 낸 경험이 있었어요. 어휴! 그 성취감이 정말 컸습니다. 흔히 '총보다 무서운 게 펜'이라는 말을 하잖아요. 그 의미를 그때 가슴 깊이 체감했습니다. 민주주의가 제대로 작동하도록 만드는 데 '말하고, 기록하고, 주장하는 힘'이 얼마나 중요한지 알게 된 거죠.

정일균 그 경험 이후로 '내가 직접 지역 사회에서 목소리를 내고 변화를 만들 수 있는 역할을 해보자'라는 생각을 하신 거군요?

김경민 네. 총학생회장 임기가 끝나갈 즈음 진로에 대한 고민이 찾아오더라고요. 그런데 민주주의가 실제로 작동하는 과정에서 느낀 그 강한 효능감을 맛본 후라는 거 아닙니까? '그래, 정치구나!' 했죠. '우리가 함께 생각해 봐야 할 정의는 무엇인가?' '우리 사회가 더 발전할 수 있는 방법은 없을까?' 이 질문을 가장 구체적으로 실천할 수 있는 곳이 정치라고 판단했어요. 그리고 조금 TMI(Too Much Information)를 섞자면, 아직 젊으니까 지금 도전해서 혹 실패하더라도 돌아갈 길이 있다고 생각했습니다. 그래서 '한번 과감하게 부딪쳐 보자' 그런 마음으로 결심을 하게 됐습니다.

정일균 젊다는 게 그렇게 큰 자산인 겁니다. 그런데, 패기 있게 도전은 하셨어도 특히 대구 같은 경우 공천의 문턱이 매우 높잖아요. 입문을 꿈꾸는 청년 정치인들은 많아도 그 문턱을 넘지 못해 좌절하는 경우를 많이 봅니다. 어떻게 단번에 공천을 받고 정치에 입문할 수 있었을까요? 쉽지 않은 과정이었을 텐데요.

김경민 솔직히 정말 힘들었습니다. 공천 과정도 과정이지만 기본적으로 정치라는 세계 자체가 쉽지 않잖아요. 그럼에도 제가 공천을 받고 의회에 들어올 수 있었던 이유를 굳이 꼽자면, '운이 좋았다!' 저는 늘 이렇게 말합니다. '운이 좋았다!' 저보다 능력이 더 뛰어난 분들도 많고, 오랜 시간 준비하며 경험을 쌓은 분들도 정말 많습니다. 여러 사회적 흐름과 환경 속에서 제가 그분들보다 조금 더 운이 좋았던 순간을 맞았을 뿐이라고 생각합니다.

정일균 의회에 딱 들어왔을 때, 기대했던 대로였습니까? 아니면 요즘 말로 속칭 현타가 왔었습니까? 기대와 현실 사이의 차이는 없었나요?

김경민 왜 없었겠습니까, 정말 많았습니다. 제 주변 친구들은 대부분 또래 청년들이잖아요. 그 친구들에게 이렇게 물어보곤 했습니다. "너희 지역구 구의원이 누군지 알아?" "구청에서 어떤 일을 하는지 알아?" "우리가 비판하곤 하는 정치가 어떻게 돌아가는지 알아?" 짐작되시겠지만, 10명 중 9명이 모른다고 답하더군요. 저는 친구들과 달리 어느 정도 안다고 생각했는데 막상 의회에 들어와 보니 제가 아는 것이 정말 적었더라고요. 특히, 지역의 아주 작은 부문 하나를 움직이는 데도 정말 많은 사람들의 노력과 헌신이 작동한다는 것에 많이 놀랐죠. 현장에서 엄청나게 많이 깨우친 거죠. 그 깨우침 중에서 가장 값진 깨우침은, 조금만 바꾸려고 노력해도 얼마든지 바꿀 수 있는 부분들이 존재한다는 사실이에요. 그 점이 저에게 큰 동기이자 희망이 됐습니다.

정일균 사실 나이가 많아지고 선 수가 쌓이다 보면 흔한 말로 꼰대라고 하죠? 그런 기질이 어쩔 수 없이 생기는 걸 종종 보게 되거든요? 어떻습니까? 세대가 다른 의원들, 그러니까 선 수가 높은 선배 의원들과의 협업에서 어려운 건 없으신지요? 또, 어떤 식으로 협업하고 계시는지요?

김경민 사실 처음엔 그런 걱정을 했었습니다. 그런데 막상 들어와 보니까 다들 열려있더라고요. 초보 의원의 설익은 제안에도 귀 기울여 주시고, 그것을 충분히 논의해 주시고, 말 그대로 선배님들 덕을 톡톡히 봤습니다.

정일균 너무 좋은 얘기만 하지 마시고 더 솔직한 얘기도 들려주시죠. (웃음)

김경민 (웃음) 말씀하신 것처럼 정치에서도 세대 차이라는 것은 분명하게 존재합니다. 저 역시, 처음 들어왔을 때 기존과 다른 방식으로 일하려 하다 보니 세대가 다른 의원님들과 협업하는 과정에서 어려움을 느낄 때도 있었습니다. 하지만 그때마다 '나는 청년이니까 다르게 해야 한다'는 고집보다는 '선배들이 쌓아온 경험을 배우면서 동시에 새로운 시각을 조금씩 스며들게 하자' 이런 마음으로 균형을 찾으려 노력했습니다.

정일균 그렇게 서로 소통하다 보면 알게 되거든요. 세대 차이라는 것이, 갈등의 벽이 아니라 시야를 더 넓혀주는 좋은 바탕이 될 수도 있다는 것을요. 청년은 청년대로 선배들은 선배들대로 각자의 장점들이 분명히 존재하니까 그 장점들을 융합시키는 것이 정말 중요하잖아요.

김경민 솔직히 말씀드리면, 그 부분이 저에게는 꽤 큰 도전이었습니다. 어린 나이에 의회에 들어왔고 거기다 전반기에는, 너무 어린 나이에 부의장이라는 중책을 맡아 위원회까지 이끌어야 했거든요. 그러다 보니 의원님께서 말씀하신 것처럼 세대 간의 관점이 충돌할 때 그 사이에서 어떻게 의사를 중재하고 조율해야 할지 매번 고민이 컸습니다. 그런데 사실 '꼰대'라는 말이 부정적인 것만은 아니거든요? 자기 주관을 확고히 가지고 이야기할 수 있는 사람, 많은 경험치가 쌓여서 탄탄한 통찰력을 갖춘 사람. 그런 꼰대들은 필요하다고 생각해요. 다만 그 기준이 '나를 위한 고집'인지, '모두를 위한 신념'인지에 따라 좋은 꼰대가 될 수도 있고 나쁜 꼰대가 될 수도 있는 거죠. 그래서 저는 늘, 중심을 어디에 두어야 할지 스스로에게 질문해 왔던 것 같습니다. 덕분에, 지금은 어떠냐고 물으신다면 기성세대 의원님들과 섞여 일하는 게 크게 어렵지 않다고 자신 있게 말씀드릴 수 있습니다. 아마 3년이라는 시간 동안 저도 그만큼 성장했고, 서로에 대한 이해도 자연스럽게 깊어졌기 때문이라고 생각합니다.

정일균 그게 바로 우리 김경민 의원님의 큰 장점이라고 생각해요. 옆에서 지켜보니 소통도 잘하고 일도 정말 잘 해내고 있더라고요. 아무튼 청년 정치인이라면, 기존 정치인들과는 분명히 다른 지점이 있어야 한다고 생각합니다. 물론, 시민들과 소통하는 방식에서는 기존 정치인의 방식을 어느 정도 따르는 것도 괜찮다고 봐요. 다만 의회 안에서의 역할은 분명히 달라져야 한다고 생각합니다. 청년 정치인의 활동을 보면서 '아, 의회가 조금은 바뀌고 있구나' 라는 시민들의 반응이 나올 수 있어야 하잖아요. 그래서 저는 김경민 의원께서, 청년 의원으로서 청년 세대의 목소리를 책임 있게 전달하는 역할에 더 적극적으로 나서주셨으면 좋겠다고 생각합니다. 그런 변화가 의회를 더 건강하게 만들 수 있으니까요.

김경민 그게 바로 저 같은 청년 정치인을 믿고 지지해 주시는 이유라는 것을 잘 알고 있습니다. 그 역할을 더 잘할 수 있도록, 더 열심히 하겠습니다.

정일균 이제는 구체적인 의정활동에 대해 좀 여쭤보겠습니다. 지금까지 추진하거나 참여한 조례와 정책은 어떤 것들인지 소개해 주시겠습니까?

김경민 가장 최근에는 사라져 가는 동네 목욕탕을 복지적 관점에서 바라보고, 주민들이 일상에서 누릴 수 있는 돌봄 기능으로 어떻게 연결할 수 있을지 고민해 보는 정책을 추진했습니다. 단순히 시설 유지 차원이 아니라, 지역 공동체 복지 공간으로 활용해 보자고 제안한 겁니다. 또 하나는 아동 정책 영역입니다. 수성구에서 아이를 낳고 키우기 좋은 환경을 만들기 위해 어떤 지원과 변화가 필요할지 집중적으로 살펴왔습니다. 출산율 문제는 단순한 출생 지원이 아니라 지역 문화와 생활환경 전반이 바뀌어야 해결된다는 관점으로 모든 정책에 접근하고 있죠. 그리고 저는, 전반기와 후반기 모두 문화복지위원회에서 활동하고 있는데요. 문화와 복지가 함께 발전할 수 있는 정책들을 지속적으로 발굴하고 있습니다.

정일균 앞서 말씀하신 공중목욕장 관련 조례, 흥미로운데요?

김경민 지역 곳곳을 다니면서 여전히 동네 목욕탕을 필요로 하시는 주민들이 많다는 걸 느꼈습니다. 특히 65세 이상 어르신들의 수요가 상당히 높더군요. 하지만 코로나19 이후 목욕탕 사업이 급격히 사양화되면서 공중목욕장을 유지하기 어려운 상황이 계속되고 있습니다. 그렇다면 이 공간을 어떻게 지켜야 할까? 그래서 저는 공중목욕장을 단순한 사적 사업이 아니라, 복지 인프라로 활용할 수 있는 가능성에 주목했습니다. 이번 조례에는 지자체가 필요한 경우 공중목욕장을 신설하거나 직접 운영할 수 있도록 근거를 마련했습니다. 목욕이 제공하는 치유 및 위생 효과도 중요하지만, 더 중요한 건 생각보다 목욕 시설이 제대로 갖춰지지 않은, 그래서 쉽게 목욕을 할 수 없는 취약계층이 아직 많다는 사실입니다. 누구나 깨끗이 씻을 수 있는 권리. 이것을 지역 복지 차원에서 보장할 수 있도록 만든 조례라 할 수 있습니다.

정일균　저에게도 상당히 의미 있는 조례로 와닿습니다. 현재 수성구에는 복지관 중심으로 운영되는 공공 목욕 시설이 몇 곳 안 되는 것으로 알고 있습니다. 구청과 협의해서 의미 있게 잘 풀어나가 보시기 바랍니다.

김경민　네, 열심히 하겠습니다.

정일균　우리가 의정활동을 하다 보면 갈등도 많고 또 협치할 부분도 많지 않습니까? 그러면서 의원들의 내공이 쌓이는 건데 어떤 식으로 갈등을 풀어가고 협치를 하고 계십니까?

김경민　의정활동을 하다 보면 갈등 상황이 아예 없을 수는 없습니다. 특히 정책을 펼칠 때는 다양한 이해관계가 얽혀있고, 또 의원들 사이에서도 관점의 차이가 존재하거든요. 저는 그런 상황을 겪을 때 갈등을 피하기보다 조율해야 한다고 생각합니다. 예를 들어 의회 내에서 새로운 사업을 논의할 때 경험 많은 선배 의원님들과 의견이 부딪히는 경우가 있거든요. 그럴 때마다 먼저 찾아가서 상세하게 설명해 드리고, 왜 이 정책이 필요한지 근거를 나누고, 현장의 목소리를 함께 공유하려고 노력합니다. 물론 제 주장이 항상 다 받아들여지는 건 아닙니다. 하지만 그 과정에서 서로의 논리를 확인하고 조금씩 방향을 맞춰가는 것이 협치의 경험이라고 느꼈습니다. 특히 청년 의원으로서 저는 '새로운 시각을 제시하는 사람'이 되어야 한다고 생각합니다. 물론 그 시각이 실현되려면 결국 기존 시스템을 운영해 오신 분들과 손을 맞잡는 과정이 필수적이죠. 그래서 저는 대립이 아닌 연결, 그리고 청년과 기성 정치가 함께 가는 의정 문화를 만들어가는 데 힘을 보태고 싶습니다.

정일균 사실 매 순간이 협치의 과정이라고 생각합니다. 그렇다면 주민들과의 협치는 어떻습니까? (웃음) 사실 의회 안에서의 협치보다 더 중요한 것이 의회 밖, 구민들과 이어지는 관계잖아요? 우리가 해결해 드릴 수 없는 민원인데도 안 해준다고 화내시고, 갈등이 되고, 그런 어려움들은 어떻게 해결하십니까?

김경민 우리가 관여할 수 없는 민원들이나 법적으로 불가능한 사안일 경우, 충분히 설명해 드려도 서운해들 하시죠. 제가 경험해 보니까 행정이 조금 미흡했거나 행정과 개인이 충돌한 상황에서 발생하는 민원은 오히려 비교적 수월하게 해결할 수 있었습니다. 문제를 파악하고 절차를 안내하면서 행정과 주민의 간극을 좁히는 방식으로 풀 수 있거든요. 하지만 개인과 개인이 충돌하고 그 사이를 행정이 조율해야 하는 상황은 정말 어렵습니다. 저마다 이해관계가 복잡하고 감정이 개입되기 때문입니다. 그래도 중요한 건 각자의 억울함과 요구를 최대한 듣고, 행정이 할 수 있는 합리적 조율의 지점을 찾아 중재하는 역할을 다해야 한다는 겁니다. 그게 구의원의 책임이라고 생각합니다.

정일균 맞습니다. 시민들이 의원을 평가할 때 가장 먼저 보는 건 '자세' 거든요. 어떤 민원을 꼭 해결해 줘서가 아니라, 그 문제를 해결해 보려고 진심으로 노력하고 있는지, 함께 고민하고 있는지를 보고 시민들이 믿음을 느끼는 겁니다. 공무원들은 행정적인 관점에서는 뛰어날 수 있지만 현장의 상황을 온전히 알기 어려울 때가 많습니다. 그래서 현장의 목소리와 행정을 연결해 주는 '다리' 역할을 의원들이 적극적으로 해야 하는데 김경민 의원님께서 보시기에 현재 수성구가 안고 있는 가장 시급한 과제는 무엇이라고 생각하십니까?

김경민 조금 거시적인 관점일 수 있지만 저는 '빈부격차'라고 생각합니다. 수성구는 인프라가 탄탄하고 주민들의 의식 수준도 매우 높습니다. 대구 8개 구·군과 비교해도 상대적으로 '잘살고 있다'고 평가받는 지역이죠. 그러다 보니 상대적으로 취약한 다른 지역과의 비교가 긍정적인 방향보다는 부정적인 의미로 이어지는 경우를 종종 보게 됩니다. 지역 전체를 바라보는 정치적 시각이나 지역 사회 내 담론에서도 우리가 의도치 않게 '배타적인 곳' 혹은 '혼자 잘사는 곳'처럼 보여지는 상황이 만들어지고 있다는 것이 제가 가장 우려하는 지점입니다.

정일균 부정적인 의미라는 게, 구체적으로 어떤 부분을 말씀하시는 건지요?

김경민 예를 들면, 수성구의 집값이 높다는 이유로 '수성구는 경제적 어려움이 없다!'고 단정하거나, 문화·복지 인프라가 잘 갖춰져 있으니 추가 지원이 필요 없다는 식으로 인식하는 경우가 있습니다. 시에 계신 분들은 잘 아시겠지만, 구의원 입장에서는 그런 이미지 때문에 실제로 예산을 확보하는 데 어려움이 많습니다.

정일균 우리가 흔히 수성구를 이야기할 때 집값이 높고 학군이 좋다는 이미지를 먼저 떠올립니다. 그러나 그런 기준으로 보면, 수성구 전체가 모두 같은 조건에 놓여있는 것은 아닙니다. 실제로 수성구 안에서도 집값이 많게는 10배 이상 차이 나는 곳들이 있거든요.

김경민 맞습니다. 다른 지역에서는, 수성구에서 연탄 배달을 한다고 하면 "수성구에도 연탄 배달하는 데가 있습니까?"라고 놀라서 묻습니다. 그만큼 수성구를 잘사는 동네로 보고 계신 겁니다. 하지만 실제로 수성구 안에도 정말 어렵게 사는 분들이 많이 있습니다. 그분들은 수성구라는 이미지 속에서 전체적으로 묻혀서 살아가고 있는 게 현실입니다. 이런 부분들을 저희 의회가 더 적극적으로 찾아내야 한다고 생각합니다. 잘사는 사람들보다는 상대적으로 더 어려운 분들에게 어떤 혜택이 돌아가야 하는지, 그런 고민과 역할을 의회에서 더 많이 해야 하지 않을까 싶습니다.

정일균 지역을 다니다 보면 민원이 많이 들어오지 않습니까? 수성구 주민들은 어떤 민원을 가장 많이 얘기하십니까?

김경민 제가 현장에서 많이 들었던 민원 중 하나는 교통 문제였습니다. 정일균 의원님께서는 시의원이시기 때문에 잘 아실 텐데 이 교통 민원이라는 것이 사실 구 차원에서 직접 해결할 수 없는 경우가 생각보다 많습니다. 예를 들어 6차선 도로의 좌회전 신호를 조정해 달라는 요청이나, 아파트 뒤편 출입로가 주요 도로와 연결돼 있어 교통 혼잡이 심하니 신호 체계를 바꿔달라는 민원들이 그렇습니다. 이런 사안들은 주민들의 생활과 매우 밀접하지만, 구의회 차원에서 바로 해결하기는 어렵습니다. 이런 교통 관련 민원들이 예상보다 훨씬 많은 지역에서 반복적으로 제기되고 있습니다.

정일균 사실 저도 많이 느끼는 부분입니다. 제가 예전에 학교 운영위원장을 오래 맡았고 운영위원협의회 회장도 맡았었거든요? 그때 학교 운영위원장들을 모아 교육 간담회를 진행해 보면 정작 교육에 대한 질문은 거의 나오지 않았습니다. 학교 앞 주차 문제라든지, 횡단보도 설치나 위치와 같은 교통 관련 이야기들이 대부분이었습니다. 그런데 말씀하신 대로 이런 부분들은 의회가 해결할 수 있는 일이 아닙니다. 경찰청 나름대로의 기준이 있고 민원을 제기하는 주민들의 기준과는 전혀 다른, 때로는 상반된 판단이 있기 때문입니다. 그렇다면, 지역 주민들과는 평소에 어떤 방식으로 소통하고 계십니까?

김경민 선배 의원님들로부터 가장 먼저 배웠던 것 가운데 하나가 행사를 통해 주민들을 만나는 일이었습니다. 지역 행사가 있을 때 현장에 직접 나가 보면 주민들의 목소리를 바로 들을 수 있거든요. 그래서 지역 행사들을 꾸준히 찾아다니며 소통하고 있습니다. 또 의원 개인의 연락처가 공개돼 있고 홈페이지에 들어가 보면 이력과 활동 내용도 모두 확인할 수 있기 때문에, 개별적으로라도 꼭 목소리를 내고 싶은 분들이 직접 연락을 주시는 경우가 많습니다. 그런 의견들을 따로 살펴보기도 합니다. 청년 의원으로서 덧붙이자면, 저희 세대에게는 뉴미디어를 통한 소통이 비교적 익숙합니다. 그래서 인스타그램 등 SNS 채널을 활용해 주민들과 직접 만나고, 의견을 나누려는 노력도 병행하고 있습니다. 정 의원님께서도 소통을 잘하시는 것으로 유명하던데요?

정일균 저도 시간 날 때마다 동네 상가들을 둘러보며 다니는데 주민들과 만나서 이야기를 나눠보면 우리가 사실 아무것도 아닌데, 시·구의원이라는 이유만으로 저희에게 하고 싶어 하는 말씀들이 정말 많더라고요. 그런 말씀들을 들어드리는 것이 우리의 가장 큰 책무니까요. 부지런히 찾아다닙시다.

김경민 네, 알겠습니다.

정일균 인터뷰하는 동안 청년 정치인의 패기와 결의가 고스란히 느껴져서, 의회 선배로서 참 흐뭇한데요. 어떻습니까, 아무래도 또래의 청년 정치인들이 더 많아졌으면 하는 바람이 있으시겠죠?

김경민 음…, 솔직히, 아직까지는 물음표가 남아 있는 것 같습니다. 물론 청년 정치인이 많아져야 한다는 데에는 분명히 공감합니다. 저 자신이 청년 정치인인데 당연한 생각이죠. 다만 앞서 말씀드린 것처럼, 세대를 갈라치는 방식의 청년 정치인들은 오지 않았으면 좋겠어요. 청년 정치인에 대해 부정적인 프레임을 만드는 지점이 바로 거기 있거든요. 유권자들이 청년 정치인들에게 기회를 주신 것은 '청년의 이름으로' 잘해보라는 기회 부여의 의미이지, 특정 세대만의 목소리를 대변하라는 의미는 아니라고 봅니다. 우리는 결국 사회를 조금이라도 더 나은 방향으로 바꾸겠다는 생각으로 정치에 들어오는 것이지, '청년'이라는 또 하나의 카르텔을 만들어 그 집단의 이해만을 대변하기 위해 들어오는 것은 아니지 않습니까? 미래를 책임질 이 청년 세대를 건강하게 성장시킬 정책과 지원은 분명히 필요합니다. 그 목소리를 대변하는 역할도 중요하고요. 하지만 그것이 하나의 영역처럼 굳어져 세대를 갈라놓는 정치로 이어지는 모습은 개인적으로 너무 안타깝게 느껴집니다.

정일균 오히려 지금의 정치 구조가 그런 방향을 더 강화하고 있는 건 아닌지 우려도 듭니다.

김경민 맞습니다. 그래서 저는 '청년'이라는 이름 자체보다는 미래 세대를 생각하고 국가 전체를 바라볼 수 있는 이념과 정치적 담론을 가진 사람들이 정치계에 더 많이 들어왔으면 좋겠다는 생각을 가지고 있습니다.

정일균 말씀하신 것처럼, '청년'이라는 이름에 너무 갇혀 청년 세대에만 사고가 국한되면 오히려 활동이 더 어려워질 수도 있습니다. 결국 정치의 다양성을 위해 청년 정치인을 키우고, 청년의 목소리를 내달라고 하는 것일 텐데, 그 취지가 잘못 변질되면 우리 정치가 왜곡되고 이상하게 돌아가게 됩니다. 그런 부분들을 김경민 의원님께서도 잘 조절해 주셨으면 합니다. 또 오래 정치 활동을 하시면서 새로운 청년 정치인들이 들어오게 된다면, 경험을 나누고 방향을 잡아주는 역할도 함께 해주셔야 하지 않을까 생각합니다.

김경민 명심하겠습니다. 열심히 하겠습니다.

정일균 이 인터뷰를 시작할 때, '수성구는 잘사는 동네'라는 이미지의 편견에 대해서 많은 말씀을 주셨었는데, 인터뷰 마지막으로 가는 지금 수미상관의 느낌으로 이 질문을 드리고 싶네요. 수성구의 미래를 위해 가장 중점적으로 개선하고 싶은 부분이 있다면 어떤 겁니까? 임기 중 꼭 이루고 싶은 목표를 말씀하셔도 좋습니다.

김경민 의회에 들어온 지 이제 겨우 3년 정도 된 초선 의원의 관점에서 보면 수성구는 지금 분명히 큰 변화의 시기에 들어와 있다고 생각됩니다. 이미 4대 특구로 지정된 곳도 있고, 미래 산업을 육성하기 위한 산업시설도 여기저기 조성되고 있습니다. 또 수성못을 중심으로 한 문화 정책도 진행되고 있고, 복지 분야 역시 세밀하게 들여다보면 다양한 사업들이 여러 갈래로 추진되고 있습니다. 큰 방향에서는 그렇게, 이미 잘 가고 있다고 생각됩니다. 이제는 이런 흐름들을 미래로 이어가기 위해, 아래에서 받쳐줄 수 있는 역할이 더 중요해진 시점이라고 봅니다. 잘되고 있는 큰 틀 속에서 놓치고 있는 부분들을 서로 연결해 주거나, 부족한 지점을 새롭게 만들어 내는 작업이 앞으로는 더 필요합니다.

정일균 마지막으로 이 질문을 드리고 싶습니다. 저도 지금 4년째 시의원으로 의정활동을 하고 있는데, 초심을 잊지 않기 위해서 저 스스로에게 매일 하는 질문이 있거든요? 아마 의원님도 스스로에게 이 질문을 던져보셨을 거고, 앞으로도 계속 의정활동 하면서 이 숙제 같은 질문을 안고 가실 겁니다. "수성구 주민들에게 어떤 의원으로 평가받고 싶습니까?"

김경민 제가 요즘 자주 쓰는 표현 가운데 하나가 '키다리 청년'이라는 말입니다. 주민들에게 친근하게 다가가기 위해서 만든 말인데 동네에 있는 싱거운 막내 같은 느낌, 그래서 주민들이 조금 더 편하게 다가올 수 있는 이미지를 만들고 싶었습니다. 동시에 단순히 '젊은 의원'이 아니라 '일하는 의원'이라는 인식도 함께 전하고 싶었습니다. 저의 그 바람대로 주민들이 저를 생각할 수 있기를 희망합니다. '일하는 동네 막내' 정도? 정일균 의원님도 같은 생각이시라고 믿는데, 결국 제가 지향하는 정치는 거창한 말보다는 동네 어귀에 서서 이야기를 들어주는 정치에 더 가깝습니다. '키다리 청년'이라는 이름처럼, 앞에 나서서 위에서 이끄는 사람이기보다는 조금 떨어진 곳에서 주변을 살피고 필요할 때 손을 내미는 존재로 남고 싶습니다. 아직 부족한 점도 많고 갈 길도 멀지만, 주민들 곁에서 함께 고민하고 함께 움직이는 '일하는 동네 막내'로서의 역할만큼은 끝까지 놓치지 않겠습니다. 그것이 지금 제가 할 수 있는 정치이고, 앞으로도 지켜가고 싶은 약속입니다.

정일균 충분히 이루시리라 믿습니다. 지금은 청년 정치인으로 불리지만, 시간이 지나면 언젠가 기성 정치인이 되시겠죠? 우리가 흔히 '청년에게 기회를 준다' 고 말하지만 그 기회는 세대를 갈라치기 위한 것이 아니라, 청년이 가진 열정과 도전 정신이 정치에 긍정적인 에너지를 불어넣어 주길 바라는 기대에서 주어지는 것이라고 생각합니다. 그런 의미에서 '정말 적임자인 사람이 여기 있구나' 라는 생각을 해봅니다.

정치를 하다 보면 매일 매일 평가를 받게 되는데, '누구' 하면 딱 첫 줄에 오는 평가들이 있잖아요? 주호영 의원 하면 이런 평가, 이인선 의원 하면 이런 평가. 그런 평가는 결국 초선일 때 만들어지거든요. 나중에 바꾸기는 정말 힘들어요. 그래서 제가 김경민 의원님께 하고 싶은 말은 '초선일 때, 이미지를 구축하라' 는 말입니다. 초선 때 정치인으로서의 자세를 주민들한테 잘 보여야 된다는 겁니다.

김경민 좋은 말씀 감사합니다. 정치하는 내내 새기겠습니다. 인터뷰에 초대해 주셔서 고맙습니다.

정일균 인터뷰에 응해주셔서 고맙습니다.

김소향

주식회사 맘쓰랩 대표이사
수성함께돌봄 사회적협동조합 이사장
前 대구시청 사회적경제과
前 중앙일보 디지털뉴스 PM
전문투자 심사역(VC)

많은 여성들이 유리천장을 깨고 있고 더러는 일각에서 '이쯤 되면 오히려 남성이 차별받는 상황 아니냐'는 불만의 소리도 있지만 사실 '여성'이라는 카테고리에 들어오면 대한민국은 아직도 멀었다는 것이 나의 생각이다. 1인당 국민소득이 4만 달러에 육박하면서 인구 5천만 이상 국가 중 세계 6위에 이르는 수준임에도 아이를 키우는 여성의 경제활동 참여율은 여전히 낮고, 상장사 임원 중 여성의 비율은 고작 6~8%에 불과하다. 그나마 명맥을 유지하고 있는 여성 CEO 스타트업 투자는 더욱 감소하여 1.8% 수준까지 떨어졌다. AI, 로보틱스 등 딥테크 분야에 투자가 쏠리면서 패션, 커머스 등 여성 창업가 비중이 높은 분야의 투자는 가뭄을 겪고 있으며, 이는 여성기업의 성장과 투자유치의 어려움으로 가중되고 있는 현실이다.

그나마 사회적 기업들에서는 여성 대표의 비율이 조금 더 높아 30%에 이른다지만 이윤추구와는 다소 거리가 먼 형태이다 보니 그 역시 여성들의 사회적 모성애에 기대고 있는 측면이 없지 않다. 봉사활동들만 봐도 상당 부분이 여성의 손에 의해 유지되지만, 그 노동은 대부분 이름 없이 소비되고 있다.

그런 와중에 이런 여성이 우리 사회에 존재한다는 것은 정말 감사한 일이다. 세 아이를 키우며 소셜벤처를 운영하고, 마을에서 꾸준히 활동하며 '엄마' '대표이사' '돌봄사회적협동조합 이사장' 세 개의 이름으로 불리는 사람. 어느 하나도 부업이 아니고 어느 하나도 가볍지 않다. 흔히 말하는 '워킹 맘'이라는 단어로는 다 담기지 않는 삶이다. 세상에서 가장 어려운 것이 '아이를 키우며 일하는 여성'의 삶이라는데 그 고난도의 경지를 초월해 사회적 약자들에게까지 손길을 내밀며 '더불어 사는 삶'의 가치를 구현하고 싶어 한다. 용기일까, 만용일까…. 이 모든 것을 끌어안고 전방위적으로 움직이는 에너지의 원천은 도대체 어디에서 오는 것일까?

그와 이야기를 나누면서 알게 됐다. 그 모든 역할을 감당하게 만드는 힘은 거창한 신념보다 아주 현실적인 책임감에서 비롯된 것이라는 것을. 양육의 경험이 사회를 읽는 하나의 기준이 될 수 있다는 것을. 엄마의 역할을 기본으로 하고 있는 여성이 사회로 나오면 얼마나 든든하고 강력한 자산이 될 수 있는가를.

자신이 하는 모든 일에 '엄마'라는 단어를 수식어처럼 붙여놓은 그녀를 수성구 범어4동, 마마 플레이트라는 곳에서 만났다.

김소향 저는 지금 여섯 살, 아홉 살, 열두 살, 세 아이를 키우는 엄마이고요. 이곳 '마마플레이트'는 말 그대로 '엄마의 접시'라는 뜻입니다. 제가 주식회사 '맘스랩'이라는 소셜벤처회사를 운영하고 있는데 이 카페는 맘스랩을 통해서 직접 운영하고 있습니다. 겉으로 보기엔 빵도 팔고 커피도 파는 일반 카페처럼 보이지만, 사실은 조금 특별한 공간입니다.

정일균 그 특별함 때문에 이전부터 한번 와보고 싶었습니다. 발달장애인들, 또 자활 대상의 청년들, 시니어분들이 함께 일하고 계신다고 들었습니다. 사실, 단순히 무언가를 만들어 팔겠다는 마음만으로는 해낼 수 없는 일이잖아요. 용기라고 해야 할까요? 누군가의 삶을 응원하겠다는 진심이 느껴져서 더욱 인상 깊습니다.

김소향 어떤 분들은 함께 일하는 과정에서 혹시 불편한 공존이 일어나지 않을까 걱정하시기도 합니다. 하지만 이곳은 그 친구들이 스스로 일의 경험을 쌓고, 사회 속에서 당당하게 설 수 있도록 훈련하는 공간이기도 해요. 그래서 이곳에서의 소비는 단순한 구매가 아니라, 사회적 가치에 동참하는 따뜻한 선택이라고 생각합니다. 말 그대로, 마음을 나누는 동네 카페라고 보시면 좋겠습니다.

정일균 세 남매의 엄마이자 학부모로서, 또 사회적 기업 대표로서 다양한 역할을 하고 계시잖아요. 제가 대표님을 특별히 모신 이유도, 여러 분야에서 전문성을 발휘하고 계신 분이라고 생각했기 때문입니다.

김소향 제가 거창하게 많은 것을 아는 사람은 아니지만, 우리 동네에서 아이들을 키우며 다양한 세대가 함께 일할 수 있는 방법을 조금 먼저 시도해 본 사람으로서 제 이야기를 하고 싶은 마음도 있었습니다.

정일균 수성구는 교육열이 높기로 유명하죠. 아이를 키우며 살아가는 한 분의 부모로서, 이 지역의 교육 환경을 직접 체감하셨을 텐데요. 직접적으로 느끼신 장점과, 조금 더 나아졌으면 하는 부분이 있다면 어떤 것일까요?

김소향 의원님도 잘 아시겠지만 수성구는, 많은 분들이 '가장 이사 오고 싶은 곳'으로 꼽는 지역이기도 한데요. 가장 큰 이유가 교육 때문이죠. 교육열이 높은 곳이라는 점은 자타가 공인하는 이 지역의 가장 큰 장점입니다. 그래서 저는 이 수성구가 '부모님들이 가장 열심히 사는 마을이다'라고 생각해요.(웃음) 아이들에게 다양한 교육적 경험을 주기 위해 온 마음을 다하고, 단순히 학원이 많아서 맡겨두는 것이 아니라 우리 아이가 무엇을 좋아하는지, 어디에 강점이 있는지를 정말 깊이 고민하는 부모님들이 많습니다. 그리고 그 강점을 키워주기 위해 부모로서 어떤 노력을 할 수 있을지 함께 찾아가는 곳이기도 하고요. 하지만 동시에, 그 고민이 때때로 지나치게 발현되는 경우가 있습니다. 그 고민을 해소하기 위한 교육적 자원이 충분해야 하는데, 그러면 결국 비교의 기준이 수도권이 되어버리죠. 지역에서 누릴 수 있는 경험에는 분명 한계가 있고, 교육 자원 역시 수도권에 비하면 부족한 면이 있습니다. 이 격차를 어떻게 메워갈지 고민하는 것, 그것이 지금 수성구 부모들에게 주어진 중요한 숙제라고 생각합니다.

정일균 그런데 또 하나 생각해 봐야 할 점이 있어요. 부모들의 교육열이 높고, 높은 교육열을 채워주지 못하는 한계 때문에 그 스트레스가 결국 아이들에게 돌아가기도 한다는 사실입니다. 부모가 열심히 고민하고 애쓰는 만큼, 아이들은 그 기대를 감당해야 하는 압박을 받는 거죠.

김소향 지금 이 동네에 학원만 해도 4천 개가 넘는다고 하더라고요. 그 치열한 환경 속에서 아이들이 받는 압박이 얼마나 클지, 부모라면 누구나 마음이 무거워질 수밖에 없습니다. 더구나 학원들 사이사이에 정신과나 심리상담센터가 점점 늘어나는 모습을 보면, 아이들이 그 스트레스에 얼마나 노출되어 있는지 체감이 됩니다. 그리고 그것이 현실 문제로 이어지고 있음을 확인하게 될 때도 많고요.

정일균 그래서 더 정부와 자치단체가 해야 할 일이 많습니다. 막중한 책임감을 가져야 됩니다. 단순히 사교육을 규제하는 것이 아니라, 가정이 건강해지도록 돕는 정책이 필요합니다. 결국 교육의 주체는 아이이고, 정부와 지역은

그 아이가 자신의 미래를 스스로 설계할 수 있도록 길을
밝혀주는 역할을 해야 한다고 생각합니다.

김소향 제가 수성구에 와서 놀랐던 게 있는데요. 학교 현
장에서 '여기 부모님들은 기대치가 높을 거야' 라는 전제를
이미 깔고 계신다는 점이었어요. 그러다 보니 교육의 초점
이 아이 한 명 한 명의 속도와 관심사에 맞춰진 것이 아니
라 '수성구는 이래야 한다' 는 기준에 맞춰지는 경우가 있
더라고요. 예를 들면 '성적을 올릴 수 있도록 시험을 더 많
이 만들어야 하지 않을까?' 라는 식이죠. 부모들이 그것을
요구할 거라는 압박감을 전제로 교육을 하는 겁니다. 그런
데 사실 모든 부모가 선행학습을 원하는 것도 아니고 모든
아이가 같은 속도로 달릴 수 있는 것도 아니거든요. 때로
는 선행 때문에 정작 학교 수업에 집중하지 못하면서 그

책임이 다시 학교로 넘어가는 악순환도 생기고요.

그래서 저는 수성구 교육에 있어서 지금 필요한 것이 '누구의 책임이냐'가 아니라 학교와 부모가 서로의 호흡을 좀 맞추는 일, 그리고 진짜 아이에게 필요한 게 무엇인지 조금 더 열린 마음으로 이야기할 수 있는 환경이라고 생각해요. 이미 높이 쌓아 올린 탑 위로 아이들을 더 밀어 넣는 게 아니라, 아이들이 설 수 있는 넓은 바닥을 함께 만드는 방향으로 가야 하지 않을까요? 뭐, 수성구뿐만 아니라 우리나라 전체가 다 그런 방향으로 가야 하겠지만요.

정일균 AI 시대, 빅데이터 시대에 과연 암기 위주의 공부가 아이들의 미래를 담보할 수 있을까요? 저는 확신이 없습니다. 지금의 교육 방식과 아이들의 미래 사이에 연결이 끊겨버린 것 같은 불안이 있어요. 미래지향적인 방향으로 수성구 교육의 변화가 이루어져야 할 시점인데….

김소향 사교육 때문에 공교육이 죽어가는 문제는 아직도 해법을 못 찾고 있잖아요? 학교에 가보면 선생님들이 이런 말씀을 해요. "학원에서 다 배우고 오는데 우리가 뭘 더 가르칠 수 있을까요?"

정일균 공교육이 제 역할을 하기 어렵게 만드는 원인이 어쩌면 학부모의 기대와 불안에서 나오고 있는 건 아닐까요? 교육 당국이 아무리 좋은 정책을 내놓아도 학부모가 받아들이지 못하면 그 정책은 효과를 낼 수 없습니다. 선생님들의 전문성과 역할도 그 울타리 안에서 위축될 수밖에 없고요. 그래서 저는 학부모 교육이 무엇보다 중요하다고 봅니다. 학부모의 관점이 바뀌지 않으면 아무리 큰 판을 바꿔도 결과는 달라지지 않거든요.

김소향 맞아요. 공교육이 다시 중심을 잡고 선생님들이 아이들을 제대로 이끌 수 있으려면, 학부모들이 '학교에서 얘기하는 이 길이 맞다'고 믿어줄 수 있어야 합니다. 그래서 대구시교육청에서도 '믿어요, 함께 해요, 우리 학교'라는 교육 슬로건을 내걸고 있잖아요.

정일균 학부모가 공교육을 살릴 열쇠군요. 저도 시의원으로 활동하면서 느낀 점들이 많습니다. 교육 정책은 교육청에서 추진해야 하지만, 학부모 교육을 지원하는 시스템은 시나 구청이 더 주도적으로 만들어 갈 수 있다는 점이에요. 교육은 아이만의 문제가 아닙니다. 부모가 시대의 변화를 이해하고 따라가지 못하면 아이들의 교육도 결국 뒤처질 수밖에 없습니다. 지금은 AI 시대, 세상은 너무 빠르게 바뀌고 있고 학부모가 그 변화를 체감하고 올바르게 선택할 수 있도록 돕는 장치가 필요합니다. 시의원으로서 더욱 노력하겠습니다.

김소향 부모가 깨어있어야 아이의 미래도 깨어날 수 있습니다. 그래서 저는 학부모들이 함께 배우고 성장할 수 있는 지역 단위의 교육 공동체 시스템을 시와 구가 적극적으로 만들어야 한다고 생각합니다.

정일균 그런 의미에서 학부모들 스스로의 자각도 필요하다고 생각되는데, 요즘은 아이들의 경쟁이 아니라 엄마들의 경쟁이라는 말까지 나오던데요? 부모님들의 열정이 크다 보니 생겨난 현상이지만, 그만큼 불안과 부담도 함께 커지고 있는 것 같습니다. 이런 분위기를 조금이라도 건강하게 바꿔나갈 수 있는 방법이 없을까요?

김소향 저도 그 부분은 분명 문제라고 생각합니다. 많은 엄마들이 자신의 삶보다 아이들의 삶에 더 큰 목적과 기대를 두고 있어요. 그러다 보니 드라마 '폭싹 속았수다' 에 나오는 대사처럼 '너는 나의 프라이드야' '너는 나의 미래야' 이런 식으로 아이에게 모든 기대를 실어버리는 장면들

을 자주 봅니다. 저는 엄마의 삶이 먼저 되살아나야 한다고 생각합니다. 내 삶의 목표가 있고, 내가 중심에 설 수 있는 일과 역할이 있다면 아이에게 과도하게 집중할 이유도, 관계에서 불필요한 갈등이 생길 여지도 줄어들겠죠.

정일균 '일하는 엄마들'이 많아지면 좀 나아질까요?

김소향 맞는 해법이라고 생각합니다. 우리 지역 안에서 여성들이 일할 수 있는 자리가 너무 적습니다. 특히 아이를 낳고 육아를 하며 경력이 단절된 여성들은 일을 하고 싶어도 갈 곳이 마땅치 않아요. 좋은 경력을 가지고 있음에도 다시 사회로 돌아갈 길이 막히는 거죠. 엄마들이 일을 하려면 시간 선택제, 유연근무제 같은 제도가 뒷받침되어야 하는데 이런 기업 문화가 자리 잡지 못하고 있다 보니 일하고 싶어도 일할 수가 없는 겁니다.

정일균 그 답답함과 안타까움 속에서 고민하시다가 결국 '맘스 랩'이라는 사회적 기업을 만드신 거군요. 이 '마마 플레이트' 같은 공간도 그래서 탄생한 것이고요.

김소향 네. 궁여지책으로 만들게 됐죠. 엄마들이 아이와 자신의 삶을 모두 놓지 않으면서도 자기 역할을 잃지 않을 수 있는 공간, 스스로 일할 수 있는 기회를 만들고 싶었습니다.
저의 시작을 한번 들려드릴까요? 저는 신문사 기자로 일했어요. 열심히 일했죠.(웃음) 그러다가 첫째 아이를 낳았는데, 6개월쯤 지나니까 큰 고민이 생기더라고요. 내가 계속 이 일을 해야 할까? 다시 오지 않을 이 시간을 아이와 함께 보내야 하는 건 아닐까? 그런 고민 속에서 결국 회사를 그만두게 됐습니다. 아이를 돌보며 수유도 하고, 다시 오지 않을 그 시간을 온전히 아이에게 쏟고 싶었거든요. 그런데 아이가 조금 자라고 나니 다시 일하고 싶어졌어요. 그때 들은 얘기들이 뭐였냐면요. "둘째는 안 낳을 거예요? 그런데 지금 재취업을 하려고요?"

주위를 둘러보니까 저와 같은 엄마들이 너무나 많은 거예요. '아, 내 능력이 부족해서가 아니라 이건 구조적인 문제구나' 라는 것을 절감했습니다. 그래서 더는 기다릴 수 없다고, 엄마들이 일할 수 있는 길을 열어야 한다고 생각했고 지금의 활동을 시작하게 된 것입니다. 아직은 너무 미미하지만 정말 혼신의 힘을 다하고 있습니다.

정일균 그런 아픔들이 배경이 됐군요. 지역 안에서 더 많은 기업들이 엄마들의 삶의 목표를 지지하고 지속 가능한 커리어를 보장할 수 있도록 도와주면 좋겠습니다, 기업에도 좋은 일이 될 테고요. 그런 새로운 문화를 만들어 갈 수 있도록 함께 방법을 찾아야겠네요.

사실 아이 한 명을 키우면서 일하는 것도 엄청나게 고된 일인데, 대표님께서는 세 남매를 키우고 계시잖아요. 정말 쉽지 않은 시간들이었을 것 같습니다. 상상이 되지 않아서 여쭤봅니다. 육아와 일을 병행하면서 가장 힘들었던 순간은 언제였나요?

김소향 1년 365일 매일요.(웃음) 뭐 지금도 사실은 늘 고군분투의 연속입니다. 세 아이들 잘 키우고 싶고, 일도 잘하고 싶고…. 저에게 붙는 여러 직함들을 모두 지켜내고 싶은 마음이 있죠. 하지만 요즘은 조금 내려놓으려고 합니다. 아이들에게 모든 걸 완벽하게 해주려는 마음보다 '엄마는 일을 하는 사람'이라는 사실을 자연스럽게 받아들이고 그 안에서 아이들도 각자 자기 역할을 스스로 해나가도록요.

회사도 마찬가지입니다. 생각하는 만큼 빠르게 성장하기는커녕, 매출이 좀처럼 오르지는 않을 때도 있죠. 더 많은 장애 청년들과 함께하고 싶어도 고용을 늘리지 못하는 현실도 안타깝고요. 그럼에도 조금씩, 멈추지 않고 나아가는 것. 그게 지금 제가 할 수 있는 최선이라고 믿고 있습니다.

정일균 무엇보다 대표님이 중심을 잃지 않는 것이 중요합니다.

김소향 네, 늘 새기고 있습니다. 일과 가정을 양립한다는 것이 때로는 소설 같다고 느껴질 때도 있지만, 중심을 잃지 않고 그 목표에 최대한 가까이 다가가 보려 합니다. 그래야만 이 모델이 지속 가능해지고, 또 다른 엄마들도 '나도 해볼 수 있겠다' '도전해보고 싶다'고 생각할 거니까요.

정일균 아이를 키우는 일은 사적인 영역으로 분류되기 쉽잖아요? 하지만 오늘 대표님과 얘기를 나누면서 양육의 경험이 사회를 읽는 하나의 기준이 될 수 있구나, 깨달았습니다. 돌봄의 공백, 교육의 불균형, 취약한 노동의 조건들…. 아이를 키우며 마주한 현실들이 대표님에게는 사회 구조의 문제로 인식되셨을 것 같고 결국엔 그 문제를 사업과 실천의 언어로 풀어내면서 '다함께 돌봄센터' 같은 모델도 만드신 거죠? 여성 창업가나 일하는 엄마들에겐 실질적인 도움이 되는 것 같던데요?

김소향 말씀드린 대로 저는 제 문제를 해결하기 위해 창업을 했습니다. 그 과정에서 가장 큰 난관이 돌봄 문제였어요. 결국 '우물을 파는 심정'으로 제가 필요했던 돌봄 체계를 직접 만들어보기로 했습니다. 그래서 시작한 것이 '다함께 돌봄센터'입니다. 제가 일을 계속하려면, 누군가가 함께 아이를 돌봐줄 시스템이 필요했거든요.
얼마 전에는 여성가족부에서 진행한 여성 일자리 모델링 행사에도 발제를 하러 갔었는데요. 그 자리에서 많은 분들이 이 모델을 정말 좋은 선순환 구조라고 칭찬해 주셨어요. 그래서 더 용기를 얻었죠. 이런 모델이 지역 안에서 더 확대될 수 있으면 좋겠습니다. 국가 부처나 관련 기관, 지자체에서 이런 모델에 관심을 가지고 지원해 주시길 바랍니다. 여성 일자리 창출, 저출생 문제 속 여성의 삶의 질 개선, 아니 일하는 엄마들의 삶의 질 개선은 모두가 공감하는 과제이니까요. 의원님께서 많이 좀 도와주시면 감사하겠습니다.

정일균 오늘 대표님을 인터뷰하면서 느낀 점이 많습니다. 시대가 요구하는 여성들의 역량도, 여성들의 잠재력도 커졌고, 여성들은 이미 다음 단계로 나아가고 있는데 지원 체계는 아직 따라가지 못하고 여전히 과거에 머물러 있네요. 이제는 여성들이 스스로 진로를 확장하고 새로운 커리어를 만들어 갈 수 있도록 창업 교육, 디지털 기반 교육 등 시대의 흐름과 맞닿아 있는 프로그램들을 더 많이 마련해야겠다는 생각입니다. 엄마라는 경력이 걸림돌이 아니라 새로운 도전의 기반이 될 수 있는 교육, 그게 지금 우리 지역에 꼭 필요하네요.

김소향 이런 현장의 목소리에 조금 더 관심을 기울여 주시고 부모들이 체감하는 어려움과 필요가 정책에 제대로 반영되기 시작하면 아이들도, 부모도, 지역도 함께 성장할 수 있을 겁니다. 저희는 단지 요구만 하는 것이 아니라 직접 참여하고, 함께 책임지려 하고 있습니다. 그 의지를 믿고 응원해 주시면 정말 더 좋은 돌봄 환경이 만들어질 것이라 확신합니다. 오늘 저도 의원님을 만나면서 많은 얘기를 경청해 주시는 좋은 채널을 얻었다고 확신합니다.

정일균 마지막으로 수성구 주민으로서, 수성구에서 살아가는 사람들의 삶의 질을 높이기 위해 가장 중요한 것은 뭐라고 생각하시는지요?

김소향 공동체가 더욱 활성화되어야 한다고 생각합니다. 저희가 활동하는 '범어 마을 나눔터' 라는 공간이 있습니다. 범어동 주민들이 함께 모여 활동할 수 있도록 지정한 곳인데요, 토요일 아침 7시에 엄마들 30명이 모입니다. 함께 책을 읽고, 고민을 나누고, 울고 웃으며 각자의 일상들을 공유합니다. 그 안에서 정말 큰 힘을 얻고 있습니다. 인생을 살아가는 원동력이 뭐 별거인가요? 이런 상생의 관계들이 사회를 지탱해 주는 힘이라고 저는 생각합니다.

정일균 저도 공감합니다. 우리 사회의 가장 큰 문제 중 하나는 공동체의 붕괴라고 생각하거든요. 함께 활동하고 참여할 수 있는 공동체를 만들어야 하는데, 그렇지 않다 보니 사회적으로 고립되는 사람들이 생기고, 여러 사회 문제로 이어지게 됩니다. 국가 차원이나 자치단체 차원에서 이런 공동체의 붕과 문제를 해결하기 위해 뼈저린 노력을 해야 할 것 같습니다. 오늘 정말 모범적인 시민을 만난 것 같습니다.

김소향 과찬이십니다. 의원님 덕분에 문제를 해결하는 방법들에 몇 걸음 더 다가간 것 같습니다. 인터뷰하는 내내 '아, 이런 방법을 해볼 수 있겠구나' 라는 생각도 하게 됐고요. 그동안은 문제를 발견해도 혼자 고민하면서 아주 작은 단위 안에서 머물렀는데, 이를 실제로 해결할 수 있는 방법을 배운 것 같아 매우 의미 있는 시간이었습니다. 제가 하나 마지막으로 여쭤봐도 될까요?

정일균 네, 물론입니다.

김소향 민원도 많고 해결해야 할 문제들도 많으실 텐데, 의원님께서 가장 중요하게 생각하시는 삶의 가치가 무엇인지, 그리고 그 가치를 지키기 위해 어떤 방식으로 생활하고 계시는지, 주객이 전도된 느낌이 있습니다만(웃음) 궁금합니다.

정일균 저도 사업을 하다가 정치 활동을 시작하게 되었는데, 지금 정치인으로서의 역할이 제 삶의 중요한 가치가 됐습니다. 낯간지럽게 들릴 수도 있겠지만, 시민들이 저를 보고 '저 사람은 뭔가 다르게 일하네' 라는 평가를 할 수 있도록 열심히 일하는 것이 제 삶의 가치입니다. 정치적 계산보다는 시민들이 겪는 불편함이 무엇인지 직접 찾아서, 민원이 아무리 많아도 관에 찾아가 싸워서라도 해결해 주는 모습을 보여주고 싶습니다. 저로 인해 생활이 조금이라도 더 편해지고 불편함이 해소된다면, 그것이 바로 제가 정치를 하는 가치라고 생각합니다. 앞으로 지역에서 불편한 점이나 현장에서 들려주실 이야기가 있다면 언제든지 저를 불러주십시오. 언제든지 달려가겠습니다.

김소향 네. 전화번호 잘 저장해 두겠습니다.(웃음) 건강 잘 챙기시고, 앞으로도 더욱 멋진 활동 이어가시길 바랍니다.

정일균 오늘 인터뷰하는 내내 이런 생각을 했습니다. '엄마라는 이름은 이론이 아닌 삶으로 증명되는 강인함이구나!' 오늘 그 강인한 삶을 들려주셔서 감사합니다. 오늘 이야기들 잘 기억해서 하나하나 최선을 다해 풀어가 보겠습니다. 앞으로 자주 뵙겠습니다.

김소향 드릴 말씀이 많으니 자주 자리 마련해 주십시오.

김연선

(주)뷰라운지 대표

세계가 K-뷰티에 푹 빠졌다. 지난해 한국의 화장품 수출액은 약 14조 원을 기록했고, 스킨케어와 바디케어, 헤드스파 등 뷰티 서비스를 경험하기 위한 목적으로 한국을 찾는 관광객들도 크게 늘었다. 어느 정도의 관리는 하지만, 우리 세대의 여느 남성들처럼 '뷰티'와는 영 친하지 않다. 그래서 수성대학교 강산관 2층의 '뷰라운지'를 찾았을 때 절로 눈이 휘둥그레해졌다. 이런 곳이 있는 줄도 몰랐는데, 직접 와보니 왜 미국과 중국, 일본 등 해외에서 먼저 찾아오는지가 느껴졌다. 각종 뷰티 제품이 깔끔하게 진열된 디스플레이존과 프로그램별로 나눠진 고급스러운 공간들. 밝고 활기 넘치는 이곳 뷰라운지에 들어서는 것만으로도 기분 전환에 충분했다.

김연선 대표는 2019년 ㈜뷰라운지를 설립한 지 2년 만에 대구국제의료관광 선도유치업체 신규 지정증을 받았고, 이듬해 한국관광공사가 지정하는 '우수 웰니스 관광지'에 선정되는 등 지역 뷰티 산업 및 의료관광 발전에 꾸준히 힘쓰고 있다.

지역에서 손꼽히는 여성기업인으로서 과연 어떤 철학으로 기업을 운영할까, 스스로를 움직이게 하는 원동력은 무엇일까 궁금해 인터뷰를 요청했다. 인터뷰 내내 그녀에게서는 부드럽지만 강단 있는 자세로, 차근차근 저력을 쌓아오고 있음이 느껴졌다.

정일균 대표님 반갑습니다. 오늘 시간 내주셔서 고맙습니다. 여기가 어떤 곳입니까?

김연선 안녕하세요. 뷰라운지는 화장품 제품 판매와 유통, 교육과 함께 스킨케어와 바디케어, 헤드스파 등 다양한 뷰티 서비스를 제공하는 공간입니다.

정일균 이곳은 언제부터, 어떻게 시작하게 되셨습니까?

김연선 기존에 뷰티 기업을 운영하며 뭔가 변화가 필요한 시점이었어요. 전세계적으로 K-뷰티가 각광을 받는 시대에, 어떻게 하면 외국인 관광객을 유치할 수 있을까 고민하던 차에 에스테틱 체험을 할 수 있는 공간을 마련하면 좋을 것 같다고 생각했죠. 마침 수성대학교와 산·학·연 연관으로 입점할 수 있는 좋은 기회가 있어 2019년 사업계획서를 썼습니다. 이듬해 코로나 팬데믹이 터지며 운영이 원활하지는 않았지만요.

정일균 그럼 학교랑 어떤 연관성이 있는 건가요?

김연선 뷰티클래스를 같이 운영하며, 뷰티업계로 진로를 꿈꾸는 학생들에게 현장실습 등 교육도 제공하고 있고요. 관련 학과와 공동 프로그램 개발이나 뷰티 관련 분야 연구, 행사 등에도 참여하고 있습니다.

정일균 그렇군요. 학교 안에 들어올 생각을 하신 것부터 남다릅니다.

김연선 한 10년 전쯤 K-뷰티 교육을 한 적이 있는데요, 많은 외국인들이 와서 교육을 받고 난 뒤에 협회 증서 같은 교육 증명서 발급을 상당히 많이 요구했었습니다. 그래서 학교나 기관에서 교육 증서 발급이 함께 이뤄지면 좋겠다고 고민했었는데, 수성대에 뷰티 특성화 학과도 있고 해서, 적극적으로 나서보게 됐죠.

정일균 뷰라운지가 다른 K-뷰티 기업과 차별화된 강점이 있다면요?

김연선 사실 지금 이곳에서 하는 서비스들은 제가 그간 뷰티 교육이나 에스테틱 운영을 하며 부족함을 느꼈던 부분들을 보완해 새롭게 시작하는 겁니다. 국내 관광객, 외국인 관광객들이 이곳에서 전문가로부터 피부를 직접 진단한 뒤 그에 대한 뷰티 프로그램을 추천 받고, 내 피부에 맞는 제품을 커스터마이징할 수 있는 원스톱 운영이 가능합니다. 이런 시스템을 통해 소비자의 니즈나 트렌드도 더욱 잘 파악할 수 있는 것 같습니다. 뷰티 클래스 등 교육을 함께 하는 것도 저희의 큰 강점이라고 생각합니다.

정일균 기존의 K-뷰티가 단순 제품 판매 위주의 산업인데, 체험형 콘텐츠를 하게 된 배경은요?

김연선 최근 국내외 관광 추세가 제품 소비를 넘어 경험에 대한 가치를 상당히 중요하게 여깁니다. 특히 테스트를 넘어 에스테틱 체험의 경우, SNS 등을 통해 자발적인 마케팅이 많이 이뤄지고 홍보 효과가 뛰어나죠.

정일균 기업을 운영하시면서 생각나는 에피소드가 있으신가요?

김연선 대구에 머물고 있는 유학생들이 상당히 많기 때문에 그들을 통해서 제품 소개나 저희 에스테틱 체험 소개를 해야 되겠다 생각을 했어요. 그래서 캄보디아 유학생을 초대해서 여기서 라이브 방송을 한 적이 있는데, 그 유학생이 화장품을 두 컨테이너나 팔았습니다. 그 친구가 프랑스나 이탈리아로 유학 간 친구들에게 라이브 방송으로 제품을 홍보하고, 그 나라에서 또 다른 친구들과 제품을 공유하는 형태가 되더군요. 코로나 팬데믹 때는 그런 방식으로 재미있게 판매를 하기도 했어요.
아무래도 해외에서 한국 드라마가 상당히 인기 있고, 배우들이 피부가 워낙 좋다 보니 한국 화장품이나 피부 관리에 대한 관심이 높은 것 같습니다.

정일균 하지만 아무래도 지역은 수도권에 비해 여러 조건에서 어려움이 많을 것 같습니다.

김연선 네, 맞습니다. 많은 애로사항들이 있는데요, 첫째

는 항공 노선이 가장 급선무입니다. 외국인 관광객들이 인천공항으로 들어오는 경우가 많은데 대구와 거리가 있다 보니 대구까지 와서 뷰티 교육을 받긴 어렵죠. 그런 부분이 기업 운영하는 입장에서 가장 큰 문제점이고요.

특히 요즘 런케이션(learn+vacation) 관광이라고, 인터넷이나 매체로 정보만을 습득하기보다 직접 가서 체험하고 배우는 것을 선호하는 것이 외국인 관광 트렌드입니다. 거기에 맞춘 프로그램이 있는데도 관광객 유치가 어려운 것이 현실이고요. 지역 경제 활성화에도 많은 도움이 될 텐데 안타깝죠.

정일균 그 열악한 조건에서 어떻게 기업을 유지하고 계세요?

김연선 감사하게도 저희가 한국관광공사의 우수 웰니스 기업에 3년 연속 선정이 돼서 지원을 받고 있습니다. 그래서 글로벌 여행 플랫폼들에 저희 업체가 소개돼 있어서, 외국인 관광객들이 본국에서 예약을 하고 오는 경우가 늘고 있습니다. 단체 관광은 중국이 가장 많고 개별 관광의 경우 현재 미국, 일본 순입니다. 독일도 꽤 높은 편입니다.

정일균 또 다른 어려움은 어떤 것들이 있으십니까?

김연선 해외 각지에서 방문하다 보니, 아무래도 언어적인 한계가 있습니다. 요즘 번역기능이 잘돼있어도 최상의 서비스로 응대하기에는 어려움이 많아서, 그런 부분에 전문 인력을 확보하지 못하는 데 대한 아쉬움이 큽니다.

정일균 그런 부분은 어떻게 해결할 수 있을까요?

김연선 미리 예약을 받아 일정이 정해져 있는 경우가 많기 때문에 대구시에서 관광서비스하는 기업들의 신청을 받아서 통역 서비스 인력을 지원해 준다던지, 외국인들에게 좀 더 적극적으로 응대할 수 있는 전용 플랫폼 앱이 있으면 좋겠다는 생각이 듭니다.

정일균 대구문화예술진흥원 관광본부 등에서 통역사를 지원하는 등의 방안을 생각해 볼 수도 있겠네요.

김연선 그렇게 된다면 너무 좋죠. 실질적으로 기업을 하는 입장에서 큰 도움이 되는 부분입니다. 사실 지금은 번역기를 통해 자체적으로 응대하고 있는데, 이 번역기에도 없는 게 바로 몽골어입니다. 몽골 직항이 있다 보니 몽골 관광객들이 많이 찾는데 영어를 못 쓰는 경우도 많습니다. 할 수 없이 바디랭귀지로 할 때가 많습니다.

정일균 대구에 뷰라운지 같은 기업들이 좀 있는 편인가요?

김연선 뷰티 쪽으로는 없는 걸로 알고 있습니다. 관광 서비스업에 종사하는 여러 기업들과 협업할 수 있는 자리가 마련된다면 상호 협력해서 관광상품을 만들어 가는 것도 좋은 방법이라고 생각합니다.

정일균 관광협회나 이런 데를 통해서 전혀 연계가 안 돼 있는 상황인가요?

김연선 네 현재는 거의 한국관광공사 홍보를 통해 많은 외국인들이 방문하는데, 대다수가 체험만 하고 부산으로 갑니다. 대구에 유입된 외국인들이 좀 더 머물 수 있게끔 관광 분야 업체들과 협력하는 기회가 있으면 좋겠어요.
또한 찾아오는 외국인들에게 대구에서 뭘 먹을지, 교통은 어떻게 이용해야 하는지, 하물며 대구시에 대해 소개할 수 있는 자료가 있으면 좋겠는데 전달할 것이 없더라고요. 팸

투어 등 여행사를 통해 올 경우는 그런 부분이 잘돼있을 수 있지만, 요즘은 개별 관광이 많다 보니 어떤 채널을 통해 안내해야 하는지 잘 모르겠어요. 지자체나 기관에서 관광객 한 사람, 한 사람에게도 정보를 줄 수 있는 거리가 제공됐으면 하는 바람입니다.

정일균 제 생각에도 대구 관광의 가장 큰 문제는 머무르지 않고 그냥 지나가는 도시라는 것 같습니다.

김연선 네, 외국인 관점으로 봤을 때 대구를 검색하면 팔공산국립공원이 있고 동화사 템플스테이처럼 경쟁력 있는 좋은 관광자원이 많은데 연계된 상품이 없어 아쉽습니다. 또 의료 관광과도 협업할 수 있는 여지가 상당히 많습니다. 의료와 뷰티 서비스가 연결된다면 시너지 효과가 날 수 있지 않을까요.

정일균 관광객들이 머물게 하려면 대구만의 특화된 뭔가가 있어야 할 것 같은데요.

김연선 제가 생각한 전략은, 앞서 말씀드렸듯 '런케이션'이라고 배움과 관광을 함께 하는 건데요, 현재 전문가 뷰티 스쿨을 운영하고 있습니다. 그럼 적어도 6~7일을 머물면서, 교육도 하지만 이외의 시간에는 대구에서 K-문화를 즐기면서 소비를 하게 돼있거든요. 먹거리나 인근 관광지 투어를 하고, SNS를 통해 알릴 수도 있겠죠. 그런 것들이 좀 더 활성화된다면 관광객들을 오래 대구에 머물게 할 수 있지 않을까 생각합니다.

정일균 대구시나 수성구의 해외 자매 도시들이 있어요. 기관끼리 교류를 매년 하는 걸로 알고 있는데, 그분들이 방한했을 때 여기 와서 체험도 하면 참 좋을 것 같은데요.

김연선 너무 좋죠. 한국관광공사에서는 '웰니스기업에 선정해 놓으면 지역에서 이걸 잘 활용해서 뭔가 하겠지' 생각하지만, 시나 진흥원에서는 사실 잘 연계가 안돼있는 것 같습니다.

정일균 그럼 대구시 차원에서는 우수 관광기업을 선정한다든지 그런 게 없나요?

김연선 예전에 관광재단이 있었을 때 우수 기업에 선정돼서, 많은 상품을 개발하고 라이브 커머스 같은 이벤트도 했었는데 재단이 진흥원에 통합된 이후로는 없습니다.

정일균 그럼 대구시나 수성구에서 어떤 지원을 하는 것이 실질적으로 도움이 될까요?

김연선 하드웨어적으로는 지금 보시는 것처럼 잘 운영되고 있는데, 여기에 축제나 캠페인 등 지역과 함께 하는 콘텐츠를 많이 만들어서 활용하면 좋겠습니다. 아니면 대구를 찾는 팸투어들과 일정을 공유해서, 뷰티 감성 투어라든지 협업 프로그램을 만들 수 있는 바탕이 정책적으로 마련됐으면 합니다.

정일균 네, 저도 시의원으로서 할 수 있는 역할이 무엇일지 한번 잘 찾아보도록 하겠습니다. 뷰티 산업을 너무나도 잘 이끌어 가고 있으신데, 또 어떤 도전을 할 계획이신가요?

김연선 K-뷰티가 전 세계적으로 큰 주목을 받고 있습니다. 이제는 단순히 화장품만 사고 가는 것이 아니라, 그것을 경험하고 체험할 수 있는 공간을 늘려가는 것이 중요하다고 봅니다. 그래서 이런 공간을 해외에 좀 더 크게 확장해 나갈 수 있는 가맹 사업을 준비 중입니다.
다음 주에도 중국에서 저희 매장을 찾아 컨설팅 미팅을 하기로 돼있고, 일본도 준비하고 있습니다. 가맹사업을 하기 위해서는 교육이나 재료 등 기반이 갖춰져야 하고, 그런 부분을 충족하려면 대구를 계속 찾아야 하고 또 무역 부분도 형성될 테니 경제 활성화에 도움이 되리라 생각합니다.

정일균 이루고 싶은 최종 목표는요?

김연선 최종 목표는 중국에 이런 뷰라운지를 100개 이상 오픈하고 싶습니다. 세계적인 기업이 되겠습니다.

정일균 그 목표 꼭 이루시길 바랍니다. 오늘 인터뷰 감사합니다.

김연선 네, 감사합니다!

정일균 제가 대학 다닐 때는 놀러 다니느라 학교도 겨우

김연우

계명대학교 국제관계학과 재학생

6천 300명. 대구의 소중한 20대 인구가 지난 한 해에만 이만큼 빠져나갔다. 이는 전국 8개 특·광역시 중 가장 많은 수이고, 대부분이 서울과 경기 등 수도권을 향했다. 전출 사유의 41%는 '직장으로 인한 이동'.

대구의 청년층 인구 유출 문제가 제기된 게 한두 해가 아닌 데다 효과가 뚜렷이 보이는 해결책이 나오질 않으니 혹자는 이제 어쩔 수 없는 일이라고도 얘기한다.

하지만 이런 시기일수록 기성세대가 적극적으로 청년들의 얘기를 듣고 소통하려는 노력이 중요하다. 그들이 떠날 수밖에 없는 문제가 무엇인지 파악하고, 지자체에서 해결할 수 있는 부분은 신속하게 차근차근 바꿔가며, 소중한 인재들이 대구 안에서 미래를 꿈꿀 수 있게 해야 한다.

계명대 국제관계학과 3학년에 재학 중인 김연우 씨를 만난 것도 그런 이유에서다. 대구 수성구에서 나고 자란 그는 인터뷰 내내 대구에 대한 애정을 아낌없이 드러냈다. 하지만 그 역시 원하는 분야의 일자리나 큰 기업이 없다 보니 타 지역에서 직장을 구해야 할 것 같다는, 공통적인 대구 청년들의 고민을 안고 있었다.

꿈과 열망이 가득한, 초롱초롱한 눈망울을 마주하고 있자니 알 수 없는 미안함과 부담감이 먼저 다가왔지만, 이내 정신을 가다듬고 속으로 생각했다.

"대구 청년의 미래, 지금 이 대화에서부터 희망을 찾아야 한다!"

나갔던 것 같은데(웃음), 요즘은 학업뿐 아니라 대외 활동, 아르바이트 등 시간을 쪼개가며 '갓생'(God+生)을 사는 대학생들이 많다고 들었습니다. 김연우 학생도 그런가요?

김연우 저는 고등학교 때부터 정치·외교 쪽에 관심이 많아 국제관계학 전공을 택했습니다. 지금은 미국 대사관에서 진행하고 있는 미국 대사관 아카데미라는 것의 일환으로 다양한 교육도 듣고 다른 대학교 학생들과 함께 하는 '소셜 임팩트 프로젝트'를 진행하고 있습니다. 지난 학기에는 한국국제협력단 코이카(KOICA)에서 진행하는 서포터즈도 했어요. 그전에도 스웨덴 대사관에서 주최하는 스웨덴 영화제 서포터즈 등 다양한 활동을 해왔습니다. 그리고 평일에는 영어학원에서 교사로, 주말에는 수성호텔 웨딩 예약부에서 아르바이트를 하고 있습니다.

정일균 공부는… 언제 하십니까?

김연우 잠 잘 시간을 쪼개가며 합니다.(웃음)

정일균 정말 부지런하네요. 졸업 후에 진로를 어떻게 계획하고 있나요?

김연우 저는 공공 외교에 관심이 많고, 특히 그중 공적 개발 원조에 관심이 많아서 코이카에서 근무하는 걸 목표로 하고 있습니다.

정일균 거기에 근무하려면 어떤 준비를 해야 됩니까?

김연우 코이카는 개발도상국 등 다양한 나라에서 프로젝트를 진행하기 때문에 기본적으로 언어 능력이 요구됩니다. 그래서 언어 관련 자격증들을 준비하고 있고요. 채용 때 코이카가 주관하는 ODA자격증이 있으면 가점을 부여해서, 그것도 열심히 공부하고 있습니다. 또 국제적인 경험들도 필요할 것 같아서, 1학년 겨울방학에 캄보디아로 국외 봉사를 다녀오는 등 다양한 경험을 쌓아가고 있습니다.

정일균 그렇군요. 진로를 준비하면서 가장 큰 어려움은 어떤 것인가요?

김연우 일단은 취업 이전에 다양한 경험을 쌓아야 하는데, 대학생을 대상으로 하는 그 활동들이 수도권을 중점적으로 이뤄지는 경우가 많습니다. 어떻게든 대구를 벗어나 활동을 찾아야 하는 것이 가장 어려웠던 것 같습니다.

정일균 경제적으로 힘든 점은 없나요?

김연우 저는 운이 좋게도 부모님과 함께 거주하고 있지만, 월세 등 생활비를 스스로 부담하는 친구들도 종종 있습니다. 그 친구들은 학업과 경제 활동을 같이 병행하는 게 가장 힘든데, 자신이 어떤 지원을 받으면 좋을지에 대한 정보가 없다 보니 그런 부분을 찾아가면서 학업에만 집중하지 못하고 이것저것 해야 하는 데에 많은 부담을 느끼는 것 같습니다.

정일균 연우 학생은 사실 부모님이 다 지원해 주고 있으신데도 아르바이트를 하는 이유가 있나요?

김연우 저는 주거, 대학 등록금 같은 건 부모님께서 주시지만 어떻게든 제가 할 수 있는 범위 내에서 돈을 벌어서 스스로 경제적 관념도 길러보고, 내가 어떤 방식으로 얼마큼의 돈을 쓰고 사는지에 대해 감각을 익히는 것이 20대 초반에 가장 해야 할 일이라고 생각을 했습니다. 어른이 된다는 건 어떻게든 내 돈으로 살아나가는 것이라 생각해서, 조금씩 경제적 독립을 해야 하지 않을까 하는 생각에 아르바이트를 하고 있습니다.

정일균 경제적인 이유와 사회 경험의 이유 중 어떤 부분이 더 큽니까?

김연우 사실 두 가지가 비슷해서 우선순위를 말씀드리긴 어려울 것 같은데요. 일단 사회의 일원으로서 내가 돈을 벌고 거기에 대해 책임을 느끼면서 일을 한다는 게 처음 경험해 보는 것이다 보니, 사회적 경험으로서의 의미도 큰 것 같습니다. 그리고 그것이 좀 더 의미 있지 않나 생각합니다.

정일균 대구 지역에서 청년 취업 기회는 충분하다고 느끼시나요?

김연우 청년들에게 다양한 기회를 주려고 정책도 많이 만들어주고, 때로는 도움도 받지만 아무래도 청년들이 원하는 이상적이고 양질의 일자리는 대구보다 서울, 수도권 지역에 많다고 생각합니다.

정일균 주위에 창업을 계획하는 친구들은 많이 있나요?

김연우 네, 생각보다 많은 것 같습니다. 주로 부모님이 회사를 운영하시면 그와 유사한 업종의 창업을 목표로 하는 것 같기도 하고요. 아니면 카페 등 식음료 업종을 운영하는 선배들도 많은 걸로 기억하고 있습니다.

정일균 아, 요즘도 가업을 물려받고 싶어 하는 청년들이 많이 있나요?

김연우 그런 것 같아요. 친구들을 보면 부모님이 회사원이 아니시거나, 작더라도 회사를 운영하시는 경우에는 취업을 하는 것보다 일을 물려받는 게 더 마음 편하다고 생각하는 것 같습니다.

정일균 그럼 졸업 후에는 대구에 머물 계획이 없으시겠네요?

김연우 네, 제가 목표하고 있는 코이카의 본사가 경기도에 위치하고 있어서, 대구에 머무는 건 힘들 것 같다는 생각입니다. 다만 지역에도 코이카 센터들이 많은데요. 그중 하나가 저희 학과 건물 안에 있는 대구국제개발협력센터입니다. 그 센터에서 제가 YP(영 프로페셔널 인턴 과정)를 진행 중이어서, 졸업 직후까지는 대구에 있지 않을까 싶습니다.

정일균 대구가 청년이 살기 좋은 환경이라고 느끼십니까? 부족한 점이 있다면 어떤 것인가요?

김연우 저는 대구에서 나고 자라서 대구에 대한 애정이 큰 편인데요. 생활 환경은 참 좋다고 생각합니다. 청년 시절에는 다른 지역에서 일을 하더라도 나이가 들면 다시 대구로 돌아와서 살고 싶다는 얘기를 할 정도로요. 그런데 대구에는 아무래도 제가 원하는 분야의 일자리나 큰 기업들이 없다 보니 젊을 때는 외부로 나가서 일자리를 구해야 하지 않을까 싶습니다.

정일균 생활 환경은 좋은데 일자리가 부족하군요. 일자리만 있다면 대구에 살고 싶겠네요.

김연우 네, 맞습니다. 가끔 서울에 가서 '지옥철'을 탈 때면, 여기서는 오래 살 수 없겠다는 생각을 하거든요. 그리고 제가 뮤지컬을 좋아하는데 대구에서는 국제적인 뮤지컬축제나 오페라축제도 열려서 좋습니다. 병원이 많고 교통시설도 편리해서 전반적으로 대구에서 만족하며 살아왔던 것 같습니다.

정일균 그럼 다른 친구들은 대구에 대해 어떤 점이 부족하다고 얘기하나요?

김연우 아무래도 저처럼 대구가 인턴이나 대외 활동의 기회가 너무 적다고 얘기합니다. 또 솔직하게 얘기하면 대구가 임금 수준이 비교적 낮은 편이라고도 말합니다. 그렇다 보니 대구가 좋다, 대구만큼 편한 데가 없다고 하는 친구들도 방학 때 어떻게든 대외 활동 기회가 많은 서울에서 버티더라고요. 그런 걸 보며 안타까움도 느꼈습니다.
저도 서울에서 열리는 2시간 강연을 들으려면 기차로 왕복 4시간까지 더해서 하루를 다 써가며 갈 수밖에 없지만, 기회가 서울에서만 있으니 안 갈 수도 없는 현실입니다.

정일균 결국 취업에 가장 필수적인 요소들을 대구에서 경험할 기회가 적은 게 청년들이 대구를 떠나는 이유 중 하나네요. 또 다른 이유가 있을까요?

김연우 임금에 대한 부분도 있습니다. 친구들이랑 얘기할 때, 서울에서는 인턴이나 아르바이트를 하더라도 최저시급을 잘 챙겨주는데, 대구에서는 아르바이트할 때 최저시급을 안 챙겨주거나 열정페이에 가깝게 일을 시킨다는 얘기를 많이 들었어요.

정일균 그럼 아직도 그런 곳들이 있다는 말인가요?

김연우 주변에서 종종 듣습니다. 편의점이나 소규모 사업장에서 일할 때 초과 근무를 해도 그만큼의 돈을 챙겨받지 못하는 경우가 많다고 들었습니다.

정일균 그건 불법일 텐데, 친구들은 그런 문제를 어떻게 해결하나요?

김연우 사실 친구들도 노동법 위반으로 고소하거나 신고하면 된다는 걸 알지만, 그걸 위해 투입해야 할 시간과 돈이 아까워서 그냥 참고 계속 일을 하거나 그만두는 것 같아요.

정일균 개선하기 위해 어떤 점이 필요할까요?

김연우 신고 절차를 간소화하는 것도 방법이겠지만, 사실 계약서를 안 쓰고 일하는 친구들이 많아서 그런 부분에 대한 교육이 이뤄지는 게 우선돼야 한다고 생각합니다. 초과 근무나 주휴수당은 잘 모르는 친구들이 많아서 제가 '이건 돈을 받아야 해' 라고 얘기하면 '진짜?' 라고 하는 경우도 많았어요. 노동법에 대한 교육이 좀 부족하다고 느껴서, 고등학교 교육 과정에서부터 그러한 부분을 배울 기회가 있으면 좋을 것 같습니다.

정일균 덕분에 새로운 문제를 제가 알았습니다. 최근에 지자체 등에서 청년을 위한 정책을 많이 내놓는데요, 체감하는 부분이 있습니까?

김연우 대학마다 있는 일자리센터를 통해 대구시가 청년 맞춤 일자리 정책을 펼치는 것으로 알고 있습니다. 자기소개서 첨삭, 일자리 상담 등 다양한 프로그램에 참여한 적 있는데 너무 형식적이고 보여주기 식으로 진행된다는 생각도 들었습니다.

정일균 저도 시의원 활동을 하며 정책과 현장이 맞지 않다는 부분을 많이 느꼈는데요, 그런 부분을 잘 찾아서 앞으로도 개선하도록 노력하겠습니다. 또 대구시나 정치권에 바라는 청년 관련 정책이 있나요?

김연우 국내 500대 회사 등 좋은 기업들을 대구에 많이 유치한다면, 청년들의 대구 유입과 정주가 늘어나고 그로 인해 대구라는 도시 자체도 성장하는 계기가 되지 않을까 생각합니다. 그래서 유수의 기업들이 대구에 많아졌으면 합니다.

정일균 맞습니다. 공감하지만 쉽지 않은 문제이지요. 청년의 목소리는 정치에 잘 반영된다고 느끼시나요?

김연우 사실 잘 모르겠습니다. 국회의원 대부분이 청년 세대가 아니다 보니 저희 목소리가 잘 전해지지 않는 것 같아요. 현실적으로 청년들의 마음을 이해해 주지 못하는 정책이 대부분인 듯합니다.

정일균 그런 부분을 어떻게 개선할 수 있을까요?

김연우 정치인들이 청년들과 소통을 많이 하려는 노력이 매체에서 보이긴 하지만, 아무래도 청년 정치인이 더 잘 소통하고, 크게 공감을 해줄 수 있으리라 생각합니다. 정치에 관심 있는 청년들을 잘 키워내서 우리 세대의 목소리를 전달하는 게 좋지 않을까요.

정일균 최근에 젊은 정치인들이 정치권에 많이 진출하고 있긴 합니다.

김연우 네, 맞습니다. 하지만 여전히 기성세대 정치인에 비해서는 영향력이 적고, 목소리가 크지 않다고 느껴집니다. 그래서 지금의 정치인들이 청년들의 목소리에 좀 더 열심히 귀를 기울여 주면 좋겠다는 게 가장 큰 바람입니다.

정일균 가장 중요하게 생각하는 삶의 가치는 뭔가요?

김연우 좀 쑥스럽지만, 저는 예전부터 제 스스로가 사회에 기여하는 것이 있으면 좋겠다고 생각했습니다. 내가 배운 것, 내가 할 수 있는 역량을 발휘해 다른 사람들에게 도움이 되는 사람이 됐으면 했었습니다. 그래서 봉사 활동을 열심히 하고, 진로를 공적개발원조 분야로 택한 것도 있습니다. 역량을 더욱 키워서 남에게 도움이 될 수 있는 사람이 되고 싶습니다.

정일균 요즘 가장 큰 고민은 무엇인가요?

김연우 불확실한 미래에 대한 고민이 가장 큽니다. 취업을 앞둔 나이이기 때문에 어쩔 수 없이 고민해야만 한다고 생각합니다. 그런 부분을 잘 이겨나가고 마인드컨트롤하는 건 저의 몫이겠지만, 어쨌든 지금 저를 가장 힘들게 하는 고민은 미래에 대한 것입니다.

정일균 행복한 삶이란 본인에게 어떤 모습일까요?

김연우 저는 스스로가 자기효용감이 높은 사람인 것 같아요. 제가 하고 싶은 일을 하고 제 삶의 가치를 실현해서 스스로 만족하는 모습이 된다면 행복한 삶이지 않을까 생각합니다.

정일균 청년들이 살아가기에 이상적인 대구의 환경은 어떤 것일까요?

김연우 기본적으로 살기 좋은 도시이기에, 만족스러운 일자리를 대구에서 찾아 편안하고 행복하게 사는 것이 가장 이상적이지 않을까요. 다들 일자리나 기회를 찾아 떠나지만 마음속으로는 대구에 다시 살고 싶다고 하는 얘기를 많이 들어서, 굳이 떠나지 않고 대구에서 충분히 일자리를 얻을 수 있으면 좋을 것 같습니다.

정일균 네, 청년들이 떠나는 도시가 아닌, 청년들이 돌아오거나 들어오는 대구가 될 수 있도록 저도 열심히 노력하겠습니다. 계획하고 있는 꿈 꼭 이루시고 승승장구하시길 진심으로 바랍니다. 감사합니다.

박경열

수성구 소상공인연합회 회장
계명대 사회체육학과 겸임교수
위드컴퍼니 대표

코로나 때보다 더 힘들다는 푸념이 들린다. 원자재와 인건비, 임대료는 계속 오르는데 온라인 등 판로는 많아져서 손님이 줄고, 간신히 버티며 가게를 지키는 나날을 보낸다. 우리나라 경제의 바탕이 되는 소상공인들의 얘기다.

상황이 생각보다 심각하고 소상공인들은 각자의 생계에 매달릴 수밖에 없기에, '소상공인연합회'라는 단체의 중요성은 더욱 크다. 흩어진 얘기를 모아 관(官) 등에 필요한 부분을 건의하고, 자칫 놓칠 수 있는 정보나 권리 등을 알려주는 역할을 하는 곳이기 때문이다.

박경열 수성구소상공인연합회장은 지난해 45세의 젊은 나이에 회장으로 뽑혀, 활발하게 연합회를 이끌어가고 있다. 어린이 스포츠 교육업체 위드컴퍼니 대표로서, 계명대 사회체육학과 겸임교수로서 바쁜 나날을 보내고 있는 그를 만나 지역 소상공인들이 겪는 어려움에 대해 들었다.

정일균 회장님 안녕하세요. 귀한 시간 내어주셔서 고맙습니다. 먼저 수성구 소상공인연합회에 대해 간단히 소개 부탁드립니다.

박경열 네, 반갑습니다 의원님. 소상공인연합회 대구시회 수성구지부는 수성구 지역의 소상공인의 권익을 대변하는 단체로, 그들의 목소리를 듣고 지자체 등에 적극 전달해 해결책을 함께 찾는 역할을 하고 있습니다.

정일균 수성구 소상공인연합회 회원 수는 몇 분이나 되나요?

박경열 전국으로 따지면 760만인데, 대구 전체의 정확한 수치는 잘 모르겠습니다. 다만 현재 수성구연합회에 등록된 회원은 800명가량 됩니다.

정일균 그럼 소상공인이라는 기준은 어떻게 분류되나요?

박경열 업종별로 다른데, 예를 들어 제조업은 연매출 100억 원 미만이자 10인 미만 사업장, 도·소매업은 60억, 요식서비스업은 15억 원 미만이자 5인 미만 사업장인 경우 소상공인으로 분류합니다.

정일균 그럼 수성구 연합회 회원 중에는 어떤 업종이 가장 많은가요?

박경열 현재는 요식업 쪽이 가장 많고요, 미용업과 도소매업종도 상위권에 있습니다.

정일균 그렇군요. 연합회에서 하는 일에 대해 좀 더 궁금한데요, 지난해 5월에 취임하신 이후 회원들을 위해 어떤 일들을 하고 계십니까?

박경열 현재 주력하는 것은 지역 소상공인 활성화를 위해 인적 네트워킹을 준비하고 있습니다. 소상공인연합회 회원들 간에 서로 가게를 이용할 수 있도록 만드는 겁니다. 그리고 정책 지원 사업들에 대한 정보도 회원들에게 적극 알리는 역할을 하고 있습니다.
  그리고 취임 이후 지자체에 문을 두드려 봤는데, 예산 부

족으로 지원해 줄 수 없다고 해 사실 구체적으로 행사를
열거나 지원 체계를 구축하기가 쉽지 않은 상황입니다.
그래서 연합회에서 임원들과 함께 분담금을 걷어서 홍보
브로슈어나 팸플릿을 제작해, 소상공인 가게마다 홍보할
수 있도록 진행해 왔습니다. 자체적으로 착한가게도 선정
해서 마케팅 쪽으로 도움을 주는 방향으로 사업들을 마련
했습니다.

정일균 중앙 연합회에서의 지원은 없나요?

박경열 네, 중앙 연합회에서도 대구 쪽에 특별히 지원 체
계를 만들고 하는 부분들은 실질적으로 많이 미비하고요,
소상공인들에게 뭔가 와닿을 수 있는 것들은 아직 없었습
니다.

특히 중앙 연합회가 서울에 있다 보니 교육도 전부 서울에서 이뤄지는데, 하루하루 장사를 해나가야 하는 입장에서는 서울까지 교육 받으러 가기가 힘들죠. 지회에서 그걸 운영하고 싶어도 자금적으로 어려운 상황이다 보니 사실 실현하기가 힘듭니다.

정일균 코로나 이전과 비교해 경제 상황이 많이 불안정해졌습니다. 지금은 좀 어떻습니까?

박경열 다니면서 보셨겠지만, 빈 상가가 상당히 많고 임대 현수막이 나붙은 곳들도 정말 많습니다. 코로나 때도 상당히 힘들었지만, 코로나 이후 지금 또 다시 최악의 위기가 오고 있다는 생각이 듭니다. 요식업 쪽 종사자분들은 그저 버티기만 하는 중입니다. 물론 지자체가 나서서 일부 골목 상권을 재생시키는 지원을 해주기도 하지만, 대다수는 많은 어려움을 겪고 있다고 보시면 됩니다.

정일균 많은 변화를 느끼셨겠습니다.

박경열 맞습니다. 코로나 이후로 온라인 판매와 배달 서비스 업종이 크게 활성화되다 보니 업종 전환을 한 곳도 많습니다. 하지만 온라인 판매 비중이 늘면서 거기서 또 경쟁이 치열해지고, 결국 마진율을 줄여 울며 겨자 먹기식으로 판매하는 사장님들도 많이 계세요. 제가 보기에는 어떤 업종이든 많이 힘든 상황입니다.

정일균 전체적으로 경제 상황이 좋지 않은 것이 사실입니다. 그래도 소상공인들의 부담을 덜기 위해서는 어떤 부분이 가장 필요할까요.

박경열 당장 피부에 와닿을 수 있는 지원책은 금융 관련 제도 완화겠죠. 대출 규제 탓에 자금 확보에 어려움을 겪는 소상공인들이 40% 가까이 되는 걸로 알고 있습니다. 이유를 물어보면, 이미 사업 내리막을 걷는 이들이 대출을 받는 것 자체가 쉽지 않은 여건인 것 같습니다.
또한 어떤 조건을 충족하면 금리 인하 등의 혜택을 받을 수 있는 제도가 있음에도, 잘 모르는 소상공인들이 많아서 그런 부분을 좀 더 적극적으로 알리려 노력하고 있습니다.

정일균 하루하루 열심히 최선을 다해 살아가지만 정보도, 자본도, 인력도 부족한 것이 소상공인의 현실이군요. 연합회의 역할이 크겠습니다. 아까 말씀하셨듯 사회가 빠르게 바뀌며 온라인이나 SNS가 활성화되고 있는데, 이러한 부분에는 어떻게 대처하고 있으신가요?

박경열 디지털이나 기술 발전에 따른 변화를 빨리 받아들이고 보급해야 한다고 생각합니다. 물론 전통시장에 포스기가 많이 보급이 됐지만, 여전히 활용을 제대로 못 하고 있는 분들도 많습니다. 그런 부분에 대한 교육이나 정보 공유가 좀 더 적극적으로 이뤄질 필요가 있죠. 하지만 수성구 소상공인이 2만 명 이상으로 추산되는데 연합회에 등록한 회원 수는 천 명도 안 되거든요. 그럼 연합회 테두리 밖의 소상공인들은 교육을, 정보를 어떻게 받을지 생각해 보면 지자체에서 앞장서서 뭔가를 해줘야 하지 않나 싶은 생각도 듭니다.

정일균 먼저 알아서 해주는 지자체는 잘 없습니다.(웃음) 중앙회에서는 교육 인력이나 프로그램이 전혀 없나요?

박경열 중앙회에도, 구청에도 교육 시스템이 있습니다. 하지만 소상공인들은 거기에 시간 맞춰 가서 듣기가 힘들다고 얘기하죠. 그래서 사실 우리 연합회에서 주최하는 게 가장 좋은 방법인데, 예산 등의 이유로 힘든 상황입니다.

정일균 수성구에는 소상공인 지원 조례가 있나요? 연합회 차원에서 조례를 한번 찾아보고, 개선이 필요한 부분에 대해 개정을 건의하는 등의 역할을 찾아서 하셔야 될 것 같다는 생각이 듭니다. 그리고 회장님도 소상공인이신데, '위드컴퍼니'는 어떤 사업체인가요?

박경열 위드컴퍼니는 어린이 스포츠 교육 사업을 하는 곳으로, 축구나 농구, 야구, 인라인스케이트 등 실내외에서 다양한 스포츠 교육을 하는 체육교습업입니다.

정일균 그렇군요. 요식업이라든지 다른 업종에 대해서는 잘 모르실 수도 있을 텐데, 어떻게 하십니까?

박경열 임원진 20명을 제조업이나 요식업, 미용업, 건설업 등 다양한 업종으로 꾸려, 업종별로 얘기를 들을 수 있도록 했습니다. 월 한 차례 이사회를 열어서 각 업종에서 원하는 지원책과 해결방안을 함께 논의합니다. 필요한 경우 지자체 등에 건의를 하기도 하죠.

정일균 또 최근 소상공인들의 큰 고민 중 하나가 인력 확보 문제일 텐데요. 인력 확보를 위해서는 어떤 노력을 하고 계신가요?

박경열 청년층이 서울이나 수도권으로 유출되는 것은 오래전부터 문제로 꼽혀왔는데, 최근에는 30~40대도 소상공인 업종 창업을 기피하는 것 같습니다. 경제가 지속적으로 침체되는 분위기다 보니 언제 망할지 모르는 불안감이 큰 거죠. 그래서 회원들과 인센티브 제도를 적용하는 방안에 대해 얘기를 나눠본 적이 있습니다. 직원이 고객을 유입시키거나 매출을 높였을 때 인센티브를 주면 일을 좀 더 오래할 수 있지 않을까라는 생각이었습니다.
물론 다들 공감은 하지만, 사실 중견·중소기업도 아니고 소상공인이 그런 시스템을 갖추기란 쉽지 않습니다. 인건비조차 버거워서 혼자 가게를 지키는 분들도 많으니까요.

정일균 외국인이나 대학생 인력을 확보해 보는 건 어떨까요. 특히 요즘은 산업과 관련한 과들이 많이 생기니, MOU를 통해 학생들은 실무를 익히고 소상공인들은 인력을 확보하는 방법도 좋을 것 같습니다.

박경열 네, 맞습니다. 제 사업장의 경우 경일대학교, 계명대학교와 MOU를 맺어서, 학생들이 졸업할 때쯤 저희 회사에 지원하기도 합니다.

정일균 그렇군요. 그걸 확대해서 수성구 지부나 대구시 지회 차원에서 요식업 등 업종별로 학교나 학과와 MOU를 맺는 것도 좋을 것 같습니다. 또 소상공인이 겪는 어려움을 생각해 보면, 세무·노무·법률 등과 같은 부분도 있지 않을까요? 이런 부분은 연합회 차원에서 어떤 역할을 하시나요?

박경열 네, 그런 부분 역시 지자체에서 교육 프로그램을 운영하고 있습니다. 하지만 계속 말씀드렸듯이 교육을 들으러 가고 할 시간이 없다고들 얘기합니다. 본인이 잘 모르다 보니, 불합리한 상황을 겪거나, 세무사 등에 세무를 맡겼다가 나중에 생각보다 큰 금액의 세금을 내야 한다는 말을 듣고 당황하는 경우도 많습니다. 본인이 관련 지식이나 정보를 갖고 있다면 분명 금액을 절약하고 더 효율적으로 운영할 수 있을 테죠. 그래서 소상공인을 직접 찾아가서 알려주는 서비스를 제공할 생각도 했었습니다.

정일균 아니면 연합회 차원에서 매주 한 번씩 세무사나 회계사, 변호사, 노무사분들을 초청해서 강의나 교육하는 프로그램을 만드는 건 어떨까 하는 생각이 듭니다. 구청의 경우에는 부동산 분야는 자문 공인중개사를 지정해서 직접 상담을 할 수 있게 하는 제도가 있는 걸로 알고 있습니다. 연합회 차원에서도 그런 방안을 고민해 보시는 게 어떨까요.

박경열 좋은 말씀입니다. 수성구연합회에도 변호사 등 자문위원이 있으니 소상공인들이 그분들에게 적극적으로 도움을 구할 수 있도록 잘 이어보겠습니다.

정일균 소상공인들이 현장에서 가장 필요한 지원책은 어떤 게 있을까요?

박경열 직접적인 보조금 형태가 사실 가장 와닿는 지원입니다. 지금 당장 매출이 적으니 세제 혜택이나 공공구매 등은 좀 뒷이야기거든요.

정일균 그렇긴 하지만, 그 방안은 일시적인 것에 그칠 수 있겠다는 생각도 드네요.

박경열 당장 내년부터 또 인건비가 올라가고 물가도 가파르게 상승하고, 원자재도 비싸죠. 소상공인들 사이에서는 임대료를 차감해 주면 도움이 되겠다는 얘기도 합니다. 정부나 지자체에서 착한 임대인들을 찾아 혜택을 제공하는 방향으로 간다면 소상공인에게도 그 효과가 갈 것이라 생각합니다.

정일균 네, 소상공인들이 겪는 어려움 중 하나가 임대료죠. 수익에 비해 임대료가 비싸니 장사를 접고, 임대료 때문에 장사를 시작하지 못하는 악순환이 반복되는 것 같습니다. 그렇다고 정부나 지자체가 임대료를 지원해 준다 한들 근본적인 문제를 해결할 수는 없을 것 같은데요. 여러 구조적 문제를 해결하려면 연합회 차원에서 많이 고민하셔야 할 것 같습니다.
다른 얘기로, 회장님께서 소상공인 보호나 지원 활동을 하면서 가장 보람을 느낀 순간이 있습니까?

박경열 중국집을 운영하던 한 사장님이 손님 발길이 끊기니 소고기 식당으로 업종 전환을 하셨어요. 처음에는 잘되다 5년 정도 지나니 다시 어려움을 겪으시더라고요. 무엇이 문제일까 궁금해서 한번 찾아갔죠. 음식은 깔끔하고 맛있는데 식당 주변으로 주차하기가 너무 힘들더라고요. 그렇다 보니 개별 손님은 물론이고 단체 예약을 받기도 쉽지 않은 상황이었습니다.
제가 주변을 둘러보니 저녁 장사를 하지 않는 가게가 있더라고요. 그 사장님과 얘기해서 결국 20대 정도 주차할 수 있는 공간을 확보했습니다. 대신 연합회에 등록하게 해서 회원들에게 가게 홍보를 하고 서로 상생할 수 있도록 했죠. 그 사장님께서는 제가 갈 때마다 항상 감사하다는 말을 해주시는데, 그럴 때 뿌듯함을 느낍니다.

정일균 앞으로도 그런 보람 있는 일이 많았으면 좋겠습니다. 최근에 보면 청년 소상공인들이 많이 늘어나고 있는 것 같은데, 이들을 위한 지원은 있나요?

박경열 청년 창업자들이 없으면 경제 활성화가 어렵고 나아가 우리나라가 쇠퇴할 수밖에 없다고 생각합니다. 중요한 건 창업하고 얼마나 이어가느냐 하는 겁니다. 짧은 기간 안에 폐업하는 비율이 상당한 것이 현실입니다. 시장 조사나 수요 분석에서 부족한 것이 이유로 꼽히는데, 그런 부분에 대한 교육이 이뤄져야 할 필요가 있습니다.
현재는 지자체 등에서 그런 교육을 하고 있어서, 연합회에서 소개하는 정도로만 진행하고 있습니다. 지자체에서 연합회에 필요한 교육이 뭔지 들어주는 자리가 있었으면 좋겠습니다.

정일균 제 생각에는 연합회가 먼저 나서서 그런 부분을 요청해야 한다고 봅니다. 또 최근 상권이 살아나는 곳의 중심에는 청년 창업자들이 있습니다. 온라인 마케팅 등에 있어 뛰어난 아이디어를 갖고 있죠. 청년 창업자들을 대상으로 성공하는 사례와 실패하는 사례를 분석해서, 예비 소상공인에게 정보를 제공한다면 더욱 활성화되지 않을까 생각해 봅니다.
이번엔 운영 중인 '위드컴퍼니'에 대해 자세히 얘기해 볼까요. 언제 시작하셨나요?

박경열 2009년 시작했는데, 초반에는 쉽지 않았습니다.

교육서비스 업종에서 중요한 것은 고객과의 신뢰라고 생각하는데요, 지금까지 이어올 수 있었던 것이 그 때문이라 생각합니다.

정일균 하지만 아동 인구가 크게 줄고 있는데요, 체감하십니까?

박경열 네, 맞습니다. 우리나라 출생률이 가구당 0.7명 정도로, 1명이 채 안 됩니다. 심각하죠. 그렇다 보니 아동을 대상으로 하는 업종을 운영하기가 쉽지 않은 상황입니다. 앞으로 더욱 심화할 이 위기를 어떻게 극복할지 계속해서 연구하고 있습니다. 또한 디지털화하는 시장의 추세를 받아들여서, AI 기반의 스포츠 교육 서비스를 제공하는 방안도 고민 중입니다. 그래야 치열한 경쟁 속에서 살아남을 수 있겠죠.

정일균 네, 좋은 교육 콘텐츠를 개발하시길 진심으로 바랍니다. 마지막으로 시나 구청 등에 원하는 바가 있으신가요?

박경열 저희 슬로건이 '소상공인이 살아야 대한민국이 산다'입니다. 소상공인이 살아야, 대구가 활성화됩니다. 사실 대구시나 수성구 등에서 소상공인을 위해 정책을 펼치고 있지만 소상공인들에게는 쉽게 닿지 않을 수도 있습니다. 그 중간 매개체 역할을 하는 게 저희라고 생각하고요.

그래서 지자체에서 좀 더 적극적으로 연합회와 함께 할 수 있는 방안을 같이 마련하고 풀어갈 수 있는 기회가 많아졌으면 합니다.

정일균 네, 저도 소상공인이 죽으면 우리 경제도 죽는다는 것에 공감합니다. 회장님께서 앞으로도 역할을 잘해주시길 바라며, 회사의 성장과 연합회의 발전을 기원합니다. 오늘 말씀 감사합니다.

박경열 네, 감사합니다.

박석현

대구광역시 지체장애인협회 수성구지회 회장
대구광역시 지체장애인협회 수석부회장

대한민국은 지난 수십 년 간 장애인 복지 및 지원 체계를 구축해 왔다. 그러나 여전히 선진국 수준의 시설과 사회적 인식에는 큰 격차가 존재하는 것도 현실이다. 이것은 단순히 법·제도만의 문제가 아니라, 장애인 당사자의 삶의 질과 자립, 사회 참여를 결정짓는 실질적 환경과 문화의 문제이기도 하다.

지체장애를 가진 박석현 대구시 지체장애인협회 수성구 지회장의 삶은 장애인의 여건 개선에 맞춰져 있다. 그 역시 지체장애를 안고 있지만, 비장애인의 장애인에 대한 인식 개선과 장애인의 편익을 위한 일이라면 누구보다 먼저 달려갔다. 그런 그를 사람들은 '바위같이 단단하고, 온돌같이 따뜻한 사람'이라고 평한다.

그를 만난 것은 가을이 절정을 지날 무렵이었다. 겨울의 초입을 눈앞에 두고 만난 그는 "어려운 이웃들이 추운 겨울을 따뜻하게 나기를 바란다"며 장애인을 비롯한 서민들의 겨울나기부터 걱정했다. 누군가의 불편과 불안에 먼저 귀 기울이는 그의 성정은, 그가 왜 이 지역에서 신뢰받는 이웃으로 살아가고 있는지에 대해 설명하고 있었다.

그는 수성구에서 60년을 살고 있고, 현재 두산동에 거주하며 수성구를 사랑하는 수성구 토박이다. 수성구의 골목과 길, 도심 속 산책길을 따라 걸었던 계절의 냄새를 누구보다 깊이 기억하는 사람이다. 수성초등학교와 오성중학교, 대륜고등학교를 졸업하고, 평생을 수성구에서 살아온 그는 스스로를 "뼛속까지 수성 사람"이라고 강조했다. 수성구에서 나고 자랐고, 장애라는 경계를 넘어 수성구의 발전을 위해 일하며 지역 사회의 변화를 이끌고 있는 그의 목소리를 직접 만나 들었다.

정일균 정치도 안정되지 못하고, 경제도 침체되어 살기가 힘든 요즘입니다. 대구는 경제지표가 더 나빠지고 있어 걱정이 큽니다. 수성구도 부동산 경기의 침체로 어려움이 가중되고 있는 시기입니다. 지역을 다니시며 느낀 분위기는 어떻습니까?

박석현 수성구는 행정구역이 동구에서 수성구로 분리된 계획도시입니다. 그래서 도심이 깨끗하고 안전합니다. 타구에 비해 편의시설이 많고, 신축건축물도 많아 살기 좋은 지역으로 손꼽힙니다. 그러나 제도적이나 법률적인 측면에서도 타 지역에 비해 더 나은 게 있는지에 대해서는 의문을 한번 가져봐야 한다고 생각합니다.

정일균 타 구와 비교했을 때 어떤 부분이 좋고, 부족한 부분은 무엇인지 구체적인 말씀을 부탁드립니다.

박석현 장애인이 가장 많이 이용하는 복지관과 노인복지관 같은 시설은 타 구에 비하면 분포도가 높습니다. 문제는 만촌동과 범어동 지역에 장애인 복지관이 없어 범물동이나 파동 지역으로 가야 한다는 것입니다. 만촌동이나 범어동도 장애인 거주비율이 타 지역에 비해 높음에도 불구하고 장애인을 위한 시설은 부족합니다. 심지어 만촌동은 노인 복지관도 없습니다. 선거철만 되면 복지관을 지어달라고 요구를 했지만, 실현되지는 않고 있습니다.

정일균 아무래도 부지 구입비가 큰 부담이 아닌가 생각됩니다. 수성구의 땅값은 대구에서도 제일 높은 지역이다 보니 부지 구입에 드는 비용이 타 지역과 비교하면 현저하게 높을 수밖에 없고, 그런 지점이 부담으로 다가오는 것 같습니다.

박석현 맞습니다. 범어동과 만촌동 지역의 땅값이 워낙에 비싸니까 부지 구입이 어려운 것도 사실입니다. 그렇지만 노력은 필요하다고 봅니다.

정일균 수성구가 신체적 장애를 가진 구민들이 활동하시기에 시설적인 측면에서 어떻습니까?

박석현 장애인을 지칭할 때는 흔히 이동 약자라는 단어를 씁니다. 이동 약자의 범위에는 장애인을 비롯해 임산부, 노약자가 모두 포함됩니다. 현재는 장애인편의증진법이 강화가 되어서 공공시설에는 장애인을 위한 시설이나 접근성이 좋습니다. 그런데 장애인들이 공공시설에만 방문하는 것은 아니지 않습니까? 민간 시설도 많이 이용해야 하는데, 아직은 그런 시설에 장애인을 위한 환경이 미흡한 점이 많습니다.

정일균 박 지회장님께서 이동 약자라고 말씀하셨는데, 그러면 이동하실 때 가장 큰 제약은 어떤 것이 있습니까?

박석현 아무래도 턱입니다. 어느 곳을 가더라도 계단 같은 단차가 있습니다. 그런 단차가 휠체어 타는 장애인들의 접근을 막고 있습니다. 혼자서는 턱을 올라가지 못하니까요.

정일균 그런 것들이 빨리 개선되어야 하는데, 아직 민간 부분에서는 인식이나 개선을 위한 의지가 부족한 것 같습니다. 시야를 좀 더 넓혀봤을 때, 우리나라의 장애인의 삶의 질 향상을 위한 정책들의 운영이 잘되고 있다고 생각하시는지요?

박석현 평소에도 장애인의 삶의 질 향상에 대한 이야기들이 조금씩 나오기는 하지만, 선거철이 되어야 장애인들한테 관심을 보이는 것이 현실입니다. 표를 의식한 선거 출마자들이 선거기간에 장애인들의 불편사항에 대해 관심을 잠깐 기울였다가, 막상 선거가 끝나면 무관심하게 되는 경우들이 많았습니다.

일례가 버스 승차의 불편함 개선 문제인데, 나아진 것이 없습니다. 장애인 마크가 부착된 시내버스가 와도 버스기사가 장애인 휠체어에 바짝 차를 정차해 주지 않으면 버스 탑승이 쉽지 않습니다. 물론 버스기사들 중에는 경사로를 가져다주는 분들도 있지만, 그런 예는 드뭅니다. 아직은 장애인에 대한 인식이 많이 부족한 것이 현실입니다.

정일균 시설 못지않게 비장애인들의 장애인을 향한 시선도 문제가 되겠지요?

박석현 저는 예산 문제보다 인식 부족이 더 문제라고 봅니다. 장애인들이 버스를 탈 때 버스를 타는 불편함도 있지만, 쏟아지는 사람들의 시선을 먼저 느끼게 됩니다. 그런 시선을 받으면 누구라도 당황하게 되고, 행동이 부자유스럽게 됩니다.

비록 버스 승차할 때 불편함이 있더라도 타인의 호기심 어린 시선이 없으면 우리는 버스를 탈 때의 불편함을 크게 느끼지 못합니다. 장애인에게 시설 개선 못지않게 필요한 것이 비장애인이 버스를 타는 것이나 장애인이 버스를 타는 것이 다를 것이 없다는 인식입니다.

정일균 비장애인들이 미처 생각하지 못한 부분이네요. 비장애인들이 생각하는 장애인을 위한 일이 장애인을 위한 시설 정비 같은 것이라고 생각했는데, 비장애인의 장애인을 바라보는 인식 개선이 먼저였군요.

그러면 이제는 시선을 돌려서 장애인을 위한 복지 서비스나 제도 지원에 대한 이야기를 나눠볼까 합니다. 현재 도움이 된다고 생각하시는 서비스나 지원 제도가 있습니까?

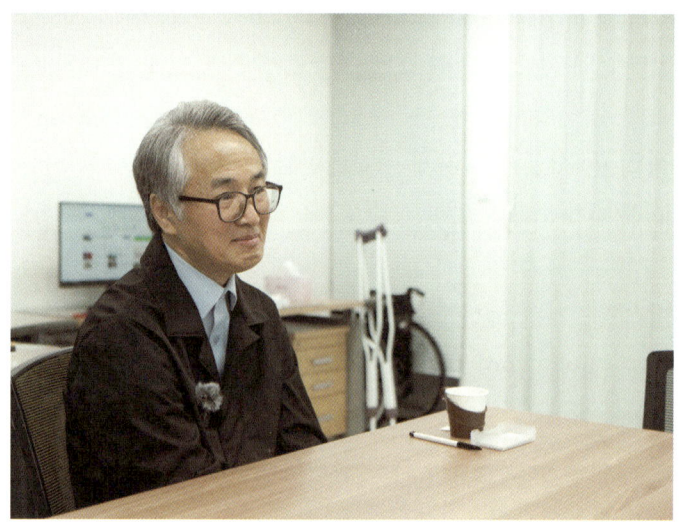

박석현 지난해에 전국 장애인기능경기대회가 충청북도 청주에서 개최가 되었습니다. 그때 그 충청북도지사님께서 말씀하시기를 "우리 지역이 장애인 인구가 늘고 있다"면서, 장애인 복지 이야기를 하셨어요. 충청북도에서는 조례 제정을 통해 그 지역 장애인의 병원 진료비를 선납해 준다는 이야기였어요. 장애인은 장기간에 걸쳐 선납한 병원비를 갚아나가는 제도인데, 도지사님께서 그런 말씀을 하시며 "빨리 퇴거하고 충청도로 이주하시라"고 하셨어요. 저는 그 말씀이 굉장히 인상에 남았습니다. 바로 그런 지원 정책이 장애인을 위한 배려 중 하나라고 생각했거든요.

정일균 형편이 어려운 장애인들에게는 좋은 소식인데요. 수성구에도 그런 비슷한 제도가 있습니까?

박석현 수성구에는 없는 걸로 알고 있습니다. 가까운 과거에 이 법안을 모 구 의원님한테 말씀을 드리니 정책 입안을 해보겠다고 했는데, 그 후에 결과가 어떻게 됐는지는 모르겠습니다.

정일균 아직 구체화되고 있지는 않은 것 같습니다. 제가 한번 챙겨보도록 하겠습니다. 그리고 장애인들에게 시급하게 개선되어야 할 사안이 있다면 무엇을 언급하실 수 있습니까?

박석현 복지기관에서 하는 일 중에는 심리 상담 치료 프로그램이나 나들이 행사, 체육 행사 등이 다양하게 진행되고 있습니다. 그중에서도 장애인들의 호응도와 만족도가 제일 높은 것이 식사 제공입니다. 복지관에서 점심을 대접하는데, 장애인들이 점심을 드시기 위해 오전부터 복지관에서 기다리고 계시는 모습을 목격하게 됩니다. 그분들이 점심을 드시고 나면 거의 귀가하시기 때문에, 복지관에 오셨다기보다 식사 지원을 받기 위해 방문하셨다는 것을 짐작하게 됩니다. 장애인들의 참여가 높은 만큼 식사 지원 정책들이 더 확대되었으면 하는 바람입니다.

정일균 식사 제공은 장애인 복지 중에서도 실질적인 복지인 것은 맞습니다. 요즘은 복지관 무료 급식도 계속해서 늘어나고 있습니다.

박석현 그것 또한 계단이나 문턱 때문에 휠체어를 타시는 분들에게는 쉽지 않습니다. 휠체어를 타는 장애인이나 노인들을 위해 엘리베이터 설치도 식사 제공과 함께 병행해서 시행되어야 한다고 생각됩니다.

정일균 장애인을 위한 정책이 비장애인을 위한 정책에 밀린다는 느낌을 받은 적도 있을 것 같은데, 실정은 어떻습니까?

박석현 복지관의 경우를 살펴보면 장애인이라고 특별히 서비스에서 배제되는 경우는 드뭅니다. 지리적으로 접근성이 낮거나 하지는 않습니다. 문제는 문턱 같은 것입니다.

정일균 컴퓨터 사용과 관련해서 공공기관에서 24시간 사용할 수는 없는 것 아닙니까? 그리고 청각이나 시각 장애를 가진 장애인은 그것마저 접근이 불가능하다는 것이 문제라고 보는데요, 어떻습니까?

박석현 장애 유형별 맞춤 지원이 필요한 것은 사실입니다. 장애 유형에 따라 제약이 따르는 경우가 많으니까요. 엘리베이터를 설치해도 시각장애인들에게는 무용지물이죠. 요즘은 지체나 시각, 청각, 발달장애인이 늘어나는 추세라 여러 면에서 다양하게 불편함을 호소하고 있습니다. 보호자나 활동보조사 없이 단독으로 활동하기가 쉽지 않죠.

정일균 그런 불편한 사항들은 지금은 어떻게 해결하고 있습니까?

박석현 활동보조사가 활동을 하고 있지만, 그분들 중에는 직업을 가진 분들이 있어 서비스의 제약이 따릅니다. 그래도 우리나라는 활동보조사나 근로지원자들의 지원 제도가 상당히 잘되어 있습니다. 활동보조사나 근로지원자들의 만족도도 높습니다. 그분들에게 장애인을 돕는 활동들이 경제적으로도 도움이 되니까요. 어떤 때는 국가가 그런 지원을 감당할 예산이 되는지 걱정이 될 만큼 장애인들의 만족도도 높습니다.

정일균 나라 걱정까지 해주시고 참 세심하십니다. 말 나온 김에 정부의 장애인을 위한 직업교육이나 훈련, 취업 지원 정책들에 불만은 없으신지요? 실제로 그런 정책들이 장애인 일자리 찾기에 도움이 되는지요?

박석현 정부의 장애인 일자리 정책에서 아직은 미흡하고 형식적인 점이 많습니다. 공공기관이나 또는 민간 기업에 장애인을 고용하는 것을 제도화하고 있습니다. 일정 비율 의무적인 고용을 강제하지만 편법적으로 활용하는 기업들도 없지 않습니다. 장애인을 고용해도 사무직이나 생산직이 아닌 다른 분야에 배정하는 경우가 있거든요.
회사 내의 스포츠단에 투입하는 경우가 대표적입니다. 저희가 원하는 것은 실제로 생산 활동에 참여해서 직업인으로서 보람을 느끼는 것인데, 저희의 바람과 다른 방향으로 운영될 때 쓸쓸함을 느낍니다. 보조금은 보조금대로 받으면서 그런 행태를 보이니까요. 그런 것을 방지하려면 중앙정부나 지방정부의 사후 점검이 꾸준하게 진행되어야 한다고 봅니다.

정일균 저도 의회에서 그런 부분들을 잘 챙기도록 하겠습니다. 이제 화제를 돌려 장애인분들의 여가활동에 대한 지원에 대한 이야기를 나눠보겠습니다.

박석현 지금은 장애인의 문화생활이나 여가생활 환경이 좋습니다. 자기만 부지런하면 충분히 즐길 수 있는 환경입니다. 실제로 파크 골프나 당구, 볼링, 탁구 같은 다양한 스포츠를 즐기는 장애인이 많습니다. 그런 부분에 대해서는 지원을 잘 해주고 계십니다. 복지관이나 재활센터에서도 할 수 있고요. 본인들이 하고자만 하면 얼마든지 할 수가 있습니다.

정일균 우리가 야구장이나 또 공연장에 가면 휠체어 탄 장애인분들을 보게 됩니다. 야구장이나 공연장을 이용하는 장애인의 불편은 없는지요?

박석현 그것도 굉장히 형식적입니다. 특히 공연장 같은 경우 장애인 접근이 용이하지 못합니다. 법 규정에 따라 제일 뒷좌석에 장애인석을 배치해 놓았지만, 무대 접근권은 생각도 못 하고 있습니다. 장애인이 시상자가 되었을 경우, 시상을 위해 무대에 올라가려 하면 접근이 불가능합니다.

정일균 제가 대구시에서 그 부분에 대한 조례를 제정한 적이 있는데, 실상은 항상 맨 뒷자리에 형식적으로 장애인석을 만들어 놓고 있습니다. 그럴 경우 일반인보다 관람 여건이 좋지 않게 되는 것이죠. 어떻게 보면 또 다른 차별이라고도 할 수 있습니다.

박석현 공연 관람 여건도 좋지 않지만 장애인이 행사의 주체가 되는 경우도 있는데, 그럴 경우 수상이나 시상을 위해 무대에 올라가야 하지 않겠습니까? 그런데 실정은 그럴 수 없다는 것이지요. 제일 앞좌석에 있어도 무대에 올라갈 수는 없습니다. 계단 때문이죠. 수성구청에서는 이 부분에 대한 이해조차 하지 못하고 있습니다. 복지과에서 저희를 수상자로 초청할 때가 있는데, 저희는 시상하는 무대에 올라가지를 못하는 것이죠. 어떤 경우에는 억지로 올라가기도 하는데, 그럴 때 상당히 기분이 안 좋습니다.

정일균 초청은 받았는데, 막상 수상 무대에 올라가지 못한다는 것은 문제네요. 어떻게 보면 돈을 많이 들여야 하는 사안도 아니고, 경사로만 설치해도 되는 것 아니겠습니까? 그것 또한 의식의 문제인 것 같습니다. 대구시나 구청에서의 인식 변화가 시급하다는 말씀을 충분히 공감하게 되는 부분입니다.
대구시 지체장애인협회 수성구지회를 맡으시고 회가 활기차졌고, 발전했다는 평가를 받습니다. 자문위원회도 발족하시고요. 지회장님의 구체적인 활동 내역이 궁금합니다.

박석현 2024년 1월 1일부로 임명을 받고 직무를 시작했습니다. 임기가 4년인데, 벌써 1년이 지났습니다. 제가 부임하고 첫 번째 한 일은 회원 수를 늘리는 것이었습니다.

회원 유입을 이끌려면 수성구지회 회원들의 참여가 활발해서 활동이 즐겁다는 소리를 들어야 하는데, 저는 이 부분에 역점을 기울였습니다. 회원 참여를 위한 프로그램을 운영할 때 특정 소수 인원에 집중하기보다 다양한 회원들이 참여해서 회원 수를 증대시킬 수 있도록 노력했습니다.

정일균 회원 수가 얼마나 됩니까?

박석현 수성구의 장애인 인구는 18,000명 정도 됩니다. 그중에서 지체장애인은 7,900명인데, 저희 지회 회원은 1,300명 정도 됩니다.

정일균 회장님이 부임하시고 늘어난 수치입니까?

박석현 제가 부임했을 때 160명 정도 되었습니다. 이런 지회가 있다는 것을 모르는 장애인이 많았고, 저는 일단 우리 지회의 존재를 알리는 일부터 시작했습니다. 그리고 참여를 독려했습니다. 사실 장애인들이 사회활동 하는 것을 부끄러워하는 분위기입니다. 드러내기를 싫어하는 문화 때문이지요. 타 구에 비해 경제적인 여건이 나쁘지 않은 분들도 많기 때문에 "내가 굳이 거기 뭐 하러 가나" 하는 반응들이었어요. 지회 참여에 대한 필요성을 못 느끼신 것이죠.
저는 그런 부분들에 대한 인식 개선 사업을 집중적으로 해왔습니다. 우리의 인권을 우리 스스로 신장하고, 우리의 삶의 질을 향상시키기 위해서는 모여야 한다는 이야기를 많이 했습니다.

정일균 일단 인식부터 바꾸는 일이 중요하셨겠네요. 그런 부분 말고 지회장 활동을 하시면서 어려운 점이나 아쉬운 점은 무엇입니까?

박석현 회원 수 확충과 함께 개선되어야 하는 것이 다른 유형의 장애인 단체들과의 교류 활성입니다. 그런 일이 가능하려면 시설 확충이 먼저 해결돼야 합니다. 그러나 현재 우리 지회 사무실은 20년이 넘어서 장비 노후화가 심합니다. 장비들이 시대적으로 뒤떨어졌고, 공간도 협소합니다. 이 문제는 오래된 복지관이 가지는 공통된 사안인 것 같습니다. 어차피 이런 부분은 정치 분야나 행정 부문에서 풀어줘야 될 부분입니다.

정일균 장기적으로 시간을 가지고 해결해야 될 문제지만, 시작이 중요한 것 같습니다. 의지를 가지고 저와 같은 지역의 정치인들과 행정기관과 지속적으로 소통을 해가면 조금씩 변화가 생길 것 같습니다.

박석현 제가 지회장을 맡고 보람 있었던 일은 자문위원회를 구성한 것입니다. 그 이전까지만 해도 후원회가 있었지만 이름만 있는 유명무실한 것이었고, 회원도 없었습니다. 그러니 조직이라고 할 것도 없었지요. 그래서 제가 자문위원회를 구성하고, 순수 봉사단체도 15명으로 구성했습니다. 자문위원회는 당연직 고문으로 수성구청장님과 수성구 시의원 두 명, 그리고 기관장까지 해서 현재 32명이 활동하는 방대한 조직으로 확대되었습니다.

정일균 저도 자문위원으로 위촉해 주셨는데, 이 자리를 빌려 다시 한번 감사를 드립니다. 그리고 제게 주어진 역할도 충실히 해나갈 것을 말씀드립니다. 향후에도 회원을 더 늘릴 생각이신지요?

박석현 자문위원회는 가능하다면 50명까지 회원을 늘릴 계획입니다. 제가 자문위원회 발족을 생각한 것은 우리끼리 하면 한계가 있다는 것이었습니다. 우리를 도와주고 견제할 세력이 있어야 확장력이 있다는 생각이었죠. 또 우리 조직도 더 투명하고 건전하게 운영될 수 있고요. 초청한 위원들이 흔쾌히 허락해 주셔서 감사했습니다.

정일균 제가 활동을 하면서 저도 장애인에 대한 인식이 많이 변했습니다. 어떤 점이 불편하고 필요한 것은 무엇인지 더 잘 이해하게 되었다고 할까요? 자문위원회의 역할이 바로 그런 것 같습니다. 장애인에 대한 시민들의 인식을 높이고, 지원을 확대하는 것 말입니다.

박석현 물론입니다. 저희들도 그런 부분을 기대하고 있습니다.

정일균 선거철이 되면 정치인들이 표 공략을 위해 장애인이나 장애인 단체에 관심을 가지고는 합니다. 저를 포함한 정치인들에 대한 인식은 어떻습니까?

박석현 그분들이 저희들에게 관심을 가지고 힘을 써주시려고 하지만, 100% 만족하기는 힘듭니다. 정치하시는 분들이나 행정 기관에서 신경 쓸 분야들이 워낙에 많아서 그렇다고는 이해를 하지만 장애인에 대한 관심도 지속적으로 기울여 주셨으면 하는 바람입니다. 그래도 수성구는 타 구에 비해 관심도가 높아 조금은 만족을 하고 있습니다.

정일균 정치권이나 행정기관에서 장애인을 위한 정책을 만들 때 가장 우선적으로 다뤄야 될 것은 무엇입니까? 회장님께서 인식 개선이 중요하다고 하셨는데, 그 외에 어떤 부분을 중점적으로 챙겨야 할까요?

박석현 인식 개선과 관련해서 한말씀 드리면, 장애인에 대한 지원을 사회적인 약자에게 베푼다는 입장이면 한계가 있다는 것입니다. 그것보다는 다양성으로 접근하면 문제될 것이 전혀 없습니다. 그럴 경우 당연히 지원을 해야 한다는 입장이 되는 것이죠. 고속도로 휴게소에서 남자와 여자 화장실이 있는 것과 같은 이치죠. 남자 화장실이 있으면, 당연히 여자 화장실이 있어야 하는 것과 같죠. 장애인 화장실도 그런 측면에서 접근하면 당연히 있어야 하는 것이지요. 그렇게 접근하면 누구도 불평할 이유가 없지 않겠습니까?

기회균등이라는 것을 출발선에 놓고 능력 있는 사람이 많이 가지고, 능력 없는 사람은 자연스럽게 도태된다는 논리보다, 평등이라는 원칙에서 접근하면 누구나 누릴 수 있는 권리를 누리는 것이 될 것입니다.

기회라는 것이 최하층민에게는 아무래도 허용이 더 어렵지 않습니까? 그런 현실을 반영해야 한다는 것입니다. 그런 인식으로 접근하면 분배의 문제도 자연스럽게 해소되지 않을까 싶습니다. 자비나 동정심에 의지하는 것은 한계가 있고, 평등이라는 개념으로 제도가 정비되면 서로 불평불만이 없을 것입니다.

정일균 장애인도 지체장애인, 시각장애인 등 다양하지 않습니까? 그분들이 속한 단체도 각기 다른데, 지원도 다른지요? 예를 들어 지체장애인협회에는 이런 게 지원되는데 시각장애인협회에는 이게 좀 부족하더라 하는 것들이 있을 수 있지 않습니까?

박석현 당연히 있습니다. 단체장의 활동성이나 생각에 따라 달라집니다. 지회장이 회원들의 요구를 행정기관에 관철시키는 역량이 다 다르니까요. 행정기관과의 관계가 원활해서 원하는 바를 성취하는 경우도 있지만, 오로지 투쟁만 하는 회장님들도 계십니다. 그러나 정부차원의 지원은 동일합니다. 중앙정부는 지체장애인이나 시각장애인, 청각장애인으로 세분화하기보다 장애인으로 총괄해서 지원을 하니까요.

정일균 수성지회에서 운영하는 아카데미가 있습니까?

박석현 아카데미는 중앙회에서 운영하는 장애인 평생 아카데미가 있는데, 각 지회마다 운영이 됩니다. 저희 지회도 몇 년 전에 스피치 아카데미를 운영했습니다. 운영해보니 예산 편성도 적고 효과도 미흡해서 참여하신 분들의 의욕이 높지 않았습니다. 그래서 흐지부지된 점이 있습니다. 저희는 거창한 아카데미보다 작은 소강좌를 운영하고 있습니다.

그리고 저희들은 심리 상담 치료 교실, 제빵 교실, 이미용 교실을 우리 지회 자부담으로 운영하고 있습니다. 중식 봉사도 자부담으로 하고 있고요. 일단 1년간 소요 예산을 경험하고 구청에 요구를 할까 합니다. 제가 해보니 너무 만족도가 높습니다. 여기에 야외 나들이도 연 3회 가고 있습니다. 수련회, 문화탐방 형식으로 갑니다.

정일균 이동 인원이 많으면 안전관리에 신경이 쓰이실 것 같은데, 자원봉사자 지원이 되는지요?

박석현 자원봉사자를 동반합니다. 10명 정도가 역할 분담을 해서 지원을 하고 있습니다.

정일균 많은 수의 장애인들이 함께 가기 때문에 야외 나들이 같은 경우에 동선을 짜는 것도 중요할 것 같습니다.

박석현 미리 사전 답사를 합니다. 저희들이 관광하기 좋은 지역이 경주입니다. 경주가 장애인을 위한 시설이 잘되어 있습니다. 울산도 괜찮습니다. 대구의 사문진 나루터도 휠체어를 타고 배를 탈 수 있어 회원들이 선호하는 장소입니다. 항구도시인 부산은 휠체어를 타고 배를 탈 수 있는 곳이 의외로 없습니다.

정일균 사찰의 경우는 어떻습니까? 사찰은 오래된 건축물이 많아서 접근성이 더 떨어질 것 같은데요.

박석현 유명 사찰은 입구부터 저지당합니다. 입구부터 계단이 있고, 그래서 접근조차 어렵습니다. 불국사는 굉장히 위험합니다. 잘못하면 낙상하기 십상입니다.

정일균 지역 내의 일반 시설은 말할 것도 없고, 장애인을 위한 시설조차 장애인의 활동이 원활할 만큼의 조건을 갖추지 못하고 있는 실정입니다. 향후 이런 환경을 보완하기 위해 건의하시고 싶은 것이 있다면 무엇입니까?

박석현 관내 재활센터 내의 재활기구들이 오래돼서 낡았고, 그런 부분에서 불평하시는 분들이 많습니다. 다른 구에서 재활센터를 만들면서 새로운 기구들이 들어오니까 거기로 옮기는 회원들도 계십니다. 옮겨가신 분들은 다시 모시기는 쉽지 않습니다.

저희 지회의 소망은 그렇습니다. 재활센터가 증축이나 개축이 되어서 공간이 좀 더 넓어졌으면 하는 바람입니다. 그리고 새로운 재활기구 도입도 반영이 되었으면 하고요.

정일균   재활기구 같은 경우 단계적으로 교체해야 합니까? 아니면 한꺼번에 바꿔야 합니까?

박석현   신상품하고 저희 재활센터 기구하고는 사이즈가 다릅니다. 신제품의 규모가 훨씬 큽니다. 더 넓은 공간을 확보해야 한다는 이야기죠. 아니면 몇 대를 빼고 그것보다 적은 수의 기구를 놓아야 하는 불편함이 있죠.

정일균   그럼 장기적으로 장소부터 옮기든가, 증개축을 해야 하는 것인가요?

박석현   저희가 정치 쪽이나 행정부에 타진을 했었는데, 돌아오는 대답이 땅이 없어 해주고 싶어도 못 해준다는 것이었어요. 그래서 저희가 같은 장소에 증축이나 개축을 하면 땅 문제가 해결된다고 제안했습니다. 조만간에 무슨 답이 오겠지요.

정일균   박 지회장님께서 열심히 활동하시는 모습이 참으로 보기 좋습니다. 앞으로 건강도 챙기시며 원하는 바를 이루시기를 바랍니다. 저도 시의회에서 도울 수 있는 일이

있는지 찾아보겠습니다. 긴 인터뷰에 응해주시고 좋은 고
견을 주셔서 대단히 감사합니다.

박종호

W공인중개사 사무소 소장
한국공인중개사협회 대구광역시지부 수성구지회 지회장

수성구에서 부동산을 이야기하기는 늘 조심스럽다. 수성구에서의 집값 문제는 더 이상 시장의 영역에만 머무는 것이 아니기 때문이다. 주거는 삶의 기반이고, 집값은 곧 지역의 지속 가능성을 가늠하는 지표가 아니던가. 그래서 수성구의 집값은 단순한 시세의 문제가 아니라, 많은 사람들의 현재와 미래를 동시에 흔들어 온 복잡한 숙제이다.

집이, 누군가에게는 자산이지만 또 다른 누군가에게는 진입하기 어려운 장벽이 되고 있는 수성구의 현실. 국가에서도 해결하지 못하고 있는 것이 부동산 문제이지만, 구정의 책임 있는 선택 또한 필요한 단계에 와있다. 수성구의 집값은 왜 이렇게 움직이고 있는지, 정책은 어디까지 개입할 수 있으며 행정은 무엇을 놓치고 있는지. 그 답을 같이 고민해 줄 사람을 찾았다.

공인중개사는 정책과 주민 사이에 놓인 사람이다. 정부와 지자체의 부동산 정책이 발표되면 그 여파를 가장 먼저 체감하는 사람이다. 정책이 바뀔 때마다 가장 먼저 문의 전화를 받고, 집값이 오르내릴 때마다 주민들의 표정을 가장 가까이에서 보는 사람. 통계보다 빠르게 시장의 온도를 느끼고, 뉴스보다 먼저 불안을 감지하는 사람. 숫자와 문구로 정리된 정책이 실제 거래와 주거 선택에서 어떻게 작동하는지를 매일 확인하는 사람.

이 사람과의 인터뷰는 부동산 시장을 전망하는 전문가의 분석을 듣기 위한 것이 아니다. 수성구 골목과 아파트 단지, 상가와 전세 매물을 오가며 쌓아온 현장의 목소리를 듣기 위한 것이다. 정책 변화가 실제 거래와 삶에 어떤 파장을 남겼는지, 집을 둘러싼 기대와 불안이 어떻게 바뀌어 왔는지를 차분히 묻고 싶었다. '사는 곳'이 '투자의 대상'으로 바뀌는 과정에서 수성구가 어떤 선택의 기로에 서있는지도 솔직하게 짚어보고 싶었다. 수성구에서 '산다는 것'의 의미를 묻는 인터뷰랄까?

박종호 반갑습니다. 저는 공인중개사협회 수성구 지회장으로 있는 박종호 소장이라고 합니다. 중개업을 시작한 지는 올해로 10년 정도 됐고 수성구에서 계속 살아왔습니다. 말 그대로 수성구 토박이입니다. 공인중개사 일은 수성구가 아니라 다른 곳에서 시작했어요.

처음에는 동구·남구 쪽에서 상가와 원룸 건물 매매를 주로 했고, 약 7년 전부터 수성구에서 아파트 중개에 집중하고 있습니다. 한때 수성구 아파트 시장이 가장 뜨거웠던 시기가 있었는데 그 무렵이었습니다. 처음에는 그냥 개인적으로 조용히 중개업을 계속할 생각이었는데, 중개업계가 특히 힘들었던 시기를 지나면서 여러 소장님들께서 저를 추천해 주셨고, 그렇게 지금은 수성구 지회장으로 일하고 있습니다.

정일균 중개업을 하신 지 10년이라고 하셨는데, 그전에는 그럼 어떤 일을 하셨습니까?

박종호 처음 직장 생활은 서울에서 시작했습니다. 삼성전자에 입사해서 약 10년간 회사 생활을 했습니다. 그런데 장남이다 보니 대구에 계신 부모님이 늘 마음에 걸렸습니다. 연세가 드시면서 두 분 다, 하나둘씩 몸이 불편해지기 시작하셨어요. 서울에서 혼자 자리를 잡고 사는 것이 편하지 않더라고요. 결국 직장 생활을 정리하고 대구로 내려왔습니다. 아버지께서 세를 주시던 식당이 하나 있었는데, 횟집이었습니다. 처음에는 그 일을 도우면서 대구에서의 삶을 다시 시작하게 됐습니다. 서울에서의 복잡한 삶에서 벗어나 조금은 단순하게 사는 재미가 있었죠.

그러다가 횟집을 직접 운영하게 됐는데 8~9년 동안은 꽤 괜찮았어요. 하지만 일본 후쿠시마 원전 사고가 터지면서 내리막길로 접어들었고 횟감을 다듬는 일이 쉽지 않은 육체노동이다 보니 목디스크까지 오더라고요. 그래서 공인중개사 일을 해봐야겠다고 마음먹었습니다. 대기업에서 직장 생활도 해봤고, 자영업자도 해봤고, 이제는 나이도 들어가니까 전문 자격증을 가지고 살아가야겠다는 생각이 들었거든요.

부동산이라는 것이 누구에게나 피해갈 수 없는 문제이지 않습니까? 이 분야를 제대로 알지 못하면 자산을 지키는 일도, 자산을 늘려가는 일도 쉽지 않은데 계속 모르고 있으면 손해이니 겸사겸사 이 일을 해보고 싶었습니다.

정일균 직업을 바꾼다는 것이 결코 쉬운 일이 아닌데 대단하시네요. 막상 해보시니 어떻던가요? 이게 공부도 많이, 꾸준히 해야 하는 데다 계약서도 써야 하고 할 일이 엄청 많을 것 같거든요?

박종호 부동산 중개업은 사실상 1인 기업에 가깝습니다. 물론, 소속 공인중개사나 실장 한두 명과 함께 일하는 경우도 있고, 규모가 큰 법인 중개업소의 경우 다섯 명, 여섯 명, 많게는 열 명 이상이 함께 일하기도 하죠. 하지만 직원 없이 혼자 운영하는 개인 공인중개사들이 대부분입니다. 당연히, 모든 책임을 혼자 감당해야 하죠. 상담, 계약, 서류 정리 같은 일들이 루틴으로 이루어집니다. 할 일은 말씀하신 대로 엄청 많죠.

정일균 저도 마찬가지입니다만, 집을 사거나 임대를 알아볼 때 아는 중개사를 찾아가기도 하지만 보통은 그 동네에 가서 여기저기 중개업소를 들러보고, 전화도 해보게 되잖아요. 그런데 예전에는 중개사에 대한 인식이 지금처럼 좋지는 않았던 게 사실입니다. '속인다' 거나 '믿기 어렵다' 는 말도 많았고, 그만큼 신뢰가 부족했던 시기가 있었죠.

요즘은 많이 나아졌다고 느끼지만, 그만큼 부동산 거래에서 신뢰 문제는 여전히 가장 중요한 부분인 것 같습니다. 그래서 궁금합니다. 고객들에게 신뢰를 주기 위해 회장님께서 특별히 지켜오고 있는 원칙이나, 일할 때 가장 중요하게 생각하는 기준 같은 게 있으신가요?

박종호 사회 분위기 자체가 예전과는 많이 달라졌죠. 예전에는 이름부터 '복덕방' 이었잖아요. 저희 아버님 세대 때만 해도, 중개가 이루어지는 공간이 지금처럼 딱 업무 공간이라기보다는 일종의 사랑방 같은 역할을 했던 것 같아요. 손님들이 복덕방에 모여서 고스톱을 치기도 하고 술 한잔 나누기도 하고, 그런 분위기 속에서 물건 이야기가 오가고 계약이 이루어지기도 했죠. 여러 사람이 뒤섞여 있는 상황에서 자연스럽게 중개가 이뤄지는 게 당시에는 흔한 모습이었습니다.

그런데 경제가 점점 발달하고 건물도 많아지고 부동산에 대한 수요가 폭발적으로 늘어나면서 상황이 바뀌기 시작했습니다. 나라에서도 이걸 더 이상 예전 방식으로 둘 수는 없다고 본 거죠. 그래서 자격 요건을 갖춘 사람만 중개를 할 수 있도록 시험 제도를 만들었고, 그 시험도 지금은 30회 이상 치러야 하도록 체계가 잡혔습니다. 공부해야 할 내용도 완전히 달라졌어요. 예전에는 한 권짜리 책으로도 가능했지만 지금은 여섯 권이 넘을 정도로 분량도 많고 내용도 깊어졌습니다. 그래서 이제는 웬만하면 '고시' 라고 불릴 정도죠. 법도 잘 알아야 하고, 부동산 물건을 보는 눈, 감정평가에 가까운 판단 능력도 필요하고, 손님을 어떻게 응대해야 하는지, 중개사들 내부의 규칙과 책임이 무엇인지까지 전문적으로 교육 받습니다.

정일균 그런 과정을 다 거쳐서 시험을 통과한 사람들이 현장에서 일하고 있는 거니까, 예전과 비교하면 공인중개사라는 직업 자체가 많이 업그레이드된 건 사실이라고 봅니다. 신뢰에 대한 기준도 그만큼 높아졌고요.

박종호 그럼요. 하지만 그럼에도 불구하고 문제가 전혀 없다고 할 수는 없습니다. 어느 업종이나 마찬가지겠지만 요즘처럼 경기가 어려워지면 돈의 유혹에 흔들리는 경우가 생기게 됩니다. 극소수이기는 하지만, 전세 사기 같은 사건에 자격증을 가진 공인중개사가 가담한 사례도 있었고 그런 일들이 언론을 통해 크게 보도되면서 사회적 불신이 커진 것도 사실입니다.
특히 자격증이 없는 브로커나 중개보조원들이 불법적인 중개 행태에 가담하는 경우도 있는데 이런 사람들에 대한 법적인 처벌이 상대적으로 약하다 보니 문제를 더 키우는 측면도 있습니다. 공인중개사는 중개사법에 따라 처벌을 받기 때문에 자격증이 취소되면 사실상 생계 자체가 무너지거든요. 자격증을 다시 따는 것도 쉽지 않고요.

제가 지회장으로 활동하면서 느끼는 점은, 거의 99퍼센트의 개인 중개업자들이 그런 위험을 감수하면서까지 불법적인 일을 하려고 하지 않는다는 겁니다. 예전처럼 무리하게 중개하는 분위기는 많이 사라졌어요.

정일균 다들 그만큼 책임감을 가지고 일하시는군요. 공인중개사협회 수성구 지회장을 4년째 하고 계시는데 가장 어려운 점은 어떤 것들입니까?

박종호 제가 지회장으로 취임하고 나서 지금까지 해결하려고 가장 많이 부딪혔던 문제가 있는데요. 물론 교육도 하고, 여러 가지 부수적인 노력도 해왔지만 지금 중개사들

이 제일 힘들어하는 건 경기가 너무 어렵다는 겁니다. 중개 계약 한 건 성사시키기가 너무 힘들어요. 개업하는 곳보다 폐업하는 곳이 더 많은 상황입니다.

그런데 행정관청이나 법을 만드는 쪽에서는 중개사를 전세 사기 같은 문제의 가해자로만 보는 시선이 여전히 강합니다. 언론에서도 극소수의 사례를 크게 부각시키는 경향이 있죠. 거래를 마무리하는 주체가 중개사라는 이유로 '중개사가 가담했다'는 식으로 책임이 집중됩니다. 그러다 보니 중개사들의 활동을 위축시키는 각종 규제가 계속해서 늘어나고 있습니다.

그중 대표적인 게 표시·광고법입니다. 원래는 인터넷 쇼핑몰 등의 허위·과대 광고가 사회 문제가 되면서 만들어진 법인데, 부동산도 허위 매물로 사람을 속이고 피해를 준다는 이유로 동일하게 적용되고 있습니다. 2020년쯤 만들어졌고 실제 처벌이 본격화된 건 2년 반 정도 됐어요. 물론 취지는 분명합니다. 의도를 가지고 소비자를 속이는 행위를 막고 서민 피해를 방지하자는 거죠. 공감도 해요.

하지만 현장에서는 부담이 굉장히 큽니다. 광고 하나를 올리려면 각종 장부를 다 떼야 하거든요? 건축물대장, 경우에 따라서는 토지대장, 등기부등본까지 모두 확인하고 나서야 매물을 올릴 수 있습니다. 물건이 한두 개일 때는 그나마 괜찮지만 20개, 30개씩 올려야 할 때는 그걸 전부 일일이 검토해야 합니다. 그런데 그중에서 한두 개만 잘못 올려도 봐주는 게 거의 없습니다. 실수해서 하나라도 틀리면 '허위'로 간주합니다.

예를 들어 전용 면적이 88.19㎡인데 88㎡로 올렸다. 소수점을 끊어낸 건데, 누군가 신고하면 이것도 '허위'라고 판단합니다. 지금 법이 그렇게 돼있습니다. 의도를 가지고 사람을 속이려는 게 아니라 단순 착오인 경우가 대부분인데도 행정기관에서는 일단 허위로 처리해 버립니다.

초기에는 계도 기간이 있었지만 실제 처벌이 시작된 이후에는 1차 적발만 돼도 바로 과태료 500만 원이 나옵니다. 이런 게 두 건, 세 건 쌓이면 업무정지 6개월입니다. 이게 다 중개사들의 생계가 걸린 문제입니다. 월세 한 건 성사시키면 10만 원, 20만 원 받는 경우가 대부분인데 물건 하나 올리면서 단순 착오로 한두 가지 틀렸다고 해서 가혹한 처벌을 받게 되는 겁니다. 물론 소비자에게 피해를 주는 중대한 실수를 용서받겠다는 의미는 아닙니다. 가벼운 실수 하나까지도 '허위'로 낙인찍어 버리는 몰이해를 얘기하는 겁니다.

정일균 행정 당국의 입장에서 보면 사실 선택의 여지가 없지 않겠습니까? 신고가 들어오는데 처리하지 않을 수가 없고, 처리하지 않으면 담당 공무원이 징계를 받을 수도 있거든요.

박종호 물론 잘 알고 있고 이해도 합니다. 문제는 법의 취지입니다. 원래는 서민을 보호하자는 취지로 만들어진 법인데, 지금은 그 취지가 많이 변질됐다는 거예요. 경기 자체가 어려운 상황에서, 이 제도가 공인중개사들끼리 서로를 견제하고 경쟁 업체를 신고하는 수단처럼 쓰이고 있는 현실을 인식하고 개선해 달라는 얘깁니다. 법을 바꾸기 위해 정치인들도 직접 만나고 여러 노력을 기울여 왔지만 아직 완전하게 해결되지는 않았습니다.

지역 국회의원들을 찾아뵙고 시의원과 구의원, 구청장도 만났고, 토지정보과에도 수시로 찾아가 문제를 설명했습니다. 그 과정에서 일정 부분 변화는 있었습니다. 처음에는 1차 위반만으로도 바로 500만 원의 과태료가 부과됐는데 제가 취임한 후 2년여에 걸쳐 조정이 이뤄지면서 지금은 1차 위반의 경우 100만 원 수준까지 내려왔습니다. 완전하다고 보기는 어렵지만, 그나마 조금씩 개선된 결과입니다.

정일균 어려운 시기에 지회장을 맡아서 많이 애쓰셨고 의미 있는 성과도 도출하셨네요. 힘든 만큼 보람도 있겠고요. 이게 사실 월급을 받는 자리도 아니고 공인중개사 전체의 공동 이익을 대변하는 자리이다 보니, 개인적으로는 노력하고 봉사하고 희생하는 시간이 많을 것 같거든요?

박종호 솔직히 제 입장에서는 손해라고 느껴질 때도 있고 (웃음) '이걸 왜 하고 있나' 라는 생각이 들 때도 적지 않습니다. 그런데 별것 아닌 것처럼 보이는 과태료 문제 같은 걸 하나 해결하고 나면 회원분들이 찾아와서 고맙다고 인사를 건네고, 저도 잘 모르는 분들이 일부러 얼굴을 비추며 말을 건네옵니다. 평소에 잘 알지 못하던 소장님들이

"지회장님, 그 문제 하나 해결해 주신 거 정말 큰일이었습니다"라고 말씀하시거든요. 어휴, 그럴 때의 보람은 말로 표현할 수가 없죠.

정일균 듣는 것만으로도 흐뭇합니다. 자, 가장 궁금한 얘기로 넘어가 볼까요? 최근 부동산 시장 분위기는 어떻습니까? 주택 시장을 중심으로 말씀해 주시죠.

박종호 지금 아파트 시장을 중심으로 보면 다소 비수기라고 할 수 있습니다. 수성구의 아파트 비중이 크다 보니 체감상 더 그렇게 느껴지는 면도 있겠지만, 무엇보다 세계 경기 자체가 불확실하고 국내 상황도 혼란스럽습니다. 규제나 금리처럼 부동산에 직접적인 영향을 미치는 변수들이 안정되지 않다 보니 시장이 어느 방향으로 갈지, 그 기간은 어느 정도일지, 예측이 쉽지 않은 상황입니다.
이런 불확실성 때문에 신규 매매에 나서는 분들이 많지 않습니다. 그래서 전반적으로는 관망세가 짙고, 시장 분위기도 다소 어려운 편입니다. 실수요자들 역시 매매보다는 임대차 쪽으로 움직이고 있는데 최근 전세 사기 문제 영향으로 전세보다는 월세를 찾는 수요가 조금씩 늘고 있습니다. 다만, 그 수요가 많다고 보기는 어렵고요. 이 정도가 현재 부동산 시장의 전반적인 상황이라고 말씀드릴 수 있을 것 같습니다.

정일균 실수요자들이 지금 부동산 시장에서 가장 걱정하고 있는 부분들을 짚어주시네요. 그렇다면 우리 수성구 부동산은 어떤 특징을 가지고 있습니까? 또 장점과 함께 한계는 무엇이라고 보십니까?

박종호 가장 큰 특징은, 다른 지역에서 소득을 올리더라도 '수성구에 아파트 한 채는 꼭 마련하고 싶다'는 수요가 꾸준하다는 점입니다. 특히 전문직을 비롯한 고소득층의 선호가 뚜렷합니다. 교육·교통·행정 등 주요 인프라가 워낙 잘 갖춰져 있고, 전통적으로 교육 여건이 강하다는 이미지가 자리 잡고 있다 보니 이런 요소들이 맞물려서 수성구의 고급 아파트 선호로 이어지고 있습니다. 그러니까 결과적으로, 고급 아파트를 중심으로 한 매수·매도 흐름이 형성돼 있다는 점이 수성구 부동산의 가장 대표적인 특징이라고 볼 수 있습니다.

정일균 흔히 '범사 만삼'이라고 부르죠? 수성구 내에서도 특히 부동산 가치가 높은 곳으로 평가받는 범어4동, 만촌3동을 가리키는 말인데, 저 개인적인 판단으로는 그 선호가 거의 전적으로 교육 여건에 기인한 측면이 크다고 봅니다. 주거 여건까지 놓고 봤을 때 과연 '범4 만3' 지역이 뛰어난 곳이냐는 거죠. 그렇다면 장기적으로 봤을 때 이 '범4 만3' 지역이 수성구, 나아가 우리 지역 부동산 시장을 계속 주도할 수 있을까요?

박종호 현재 '범4 만3' 일대를 보면 지도를 기준으로 초등학교부터 대학교까지 약 16곳의 학교가 좁은 권역 안에 밀집해 있습니다. 몇십 년 전 어떤 정책적 배경이 있었는지는 정확히 알 수 없지만, 학교가 모이면서 자연스럽게 학생들이 모이고 그에 따라 주거 수요도 꾸준히 발생하는 구조가 형성됐습니다. 학생 수요가 이어지다 보니 학령기 자녀를 둔 가구의 아파트 수요가 해마다 반복적으로 생기고, 여기에 맞춰 유명 학원들 역시 범어동·만촌동 일대에 집중되면서 교육 인프라가 더욱 공고해진 건데요. 이렇게 교육 수요가 유지되는 한 '범4 만3' 지역을 중심으로 한 현재의 흐름은 앞으로도 상당 기간 이어질 것으로 보입니다.

정일균 전문가를 모셨으니 무료 상담 한번 받아보겠습니다. (웃음) 실수요자들이 부동산 거래를 할 때 특히 잘 챙겨야 할 부분은 무엇인지, 또 현장에서 자주 보시는 실수들은 어떤 것들이 있는지 귀띔 좀 해주신다면요?

박종호 특히 사회 초년생 세대가 부동산 거래에서 어려움을 겪는 경우를 많이 봅니다. 처음 자산을 마련하는 과정에서 계약을 하는 건데, 금액 자체가 결코 적은 돈이 아니잖아요. 무엇보다 중요한 것은 해당 물건의 권리 관계를 정확히 이해하는 겁니다. 등기부등본을 통해 대출 관계나 설정된 권리들을 꼼꼼하게 확인하고 제대로 해석한 뒤에 계약하는 것이 필요합니다. 요즘은 유튜브 등을 보고 직접 직거래를 시도하는 분들도 계신데 부동산 거래는, 전 재산이라고 할 수 있는 큰 자산이 걸린 일인 만큼 신중하게 두루두루 살펴보고 진행하셔야 됩니다.

정일균 신뢰받는 공인중개사의 첫 번째 조건은 중개 보수가 아니라 무엇보다도 손님의 자산이 다치지 않도록 지켜주는 것이겠죠? 거래 과정에서 재산상 손해가 발생하지 않도록 위험 요소를 명확히 짚어주고 충분히 설명해 주는 것, 그 자체가 신뢰의 출발점이 아닐까 싶은데요. 매매하시는 분들 말고, 전세·월세 수요자들은 어떻게 도와주고 계십니까? 그분들이 체감하는 어려움은 어떤 것들이던가요?

박종호 앞서 말씀드렸듯이 역시 전세 사기 부분입니다. 계약 과정에서 불안감을 느끼는 분들이 상당히 많습니다. 문제는 권리관계를 스스로 판단하기 어려운 경우인데, 물론 공인중개사가 설명을 해주는 경우도 있지만 "이 정도면 괜찮다"는 말만 듣고 위험 요소를 충분히 인지하지 못한 채 계약을 진행하는 상황도 생기곤 합니다. 공인중개사마다 판단이 조금씩 다르고 설명의 정도에 차이가 있다 보니, 그 미묘한 차이로 인해 위험성을 간과하게 되는 경우가 있다는 겁니다. 그래서 저는 보다 명확한 설명이 필요하다고 봅니다.

예를 들어 대출이 어느 정도 설정돼 있는지, 전세 계약을 기준으로 봤을 때 기존 대출 규모가 크면 왜 불안한 건지, 경기 상황이 조금만 나빠져도 어떤 문제가 생길 수 있는지까지 분명하게 짚어줘야 한다고 생각합니다. 과거에는 '웬만하면 괜찮다'고 넘어갈 수 있었던 상황도, 지금은 '웬만하면 문제가 생길 수 있는' 환경으로 바뀌었습니다. 그만큼 의사결정도 더 보수적으로 할 필요가 있다는 거죠.

가급적 권리관계가 깔끔한 주택을 선택하고, 본인이 이용할 대출 상품에 문제가 없는지 사전에 충분히 점검한 뒤에 주거지를 살펴보는 과정이 중요합니다. 특히 요즘은 대출 없이 수성구에 진입하기가 쉽지 않은 만큼, 먼저 자신의 대출 조건을 정확히 확인하고, 그에 맞춰 권리관계와 입지를 함께 검토하는 것이 바람직하다고 생각합니다.

정일균 어휴, 완벽한 가이드네요. 든든합니다. 우리 회장님처럼 좋은 공인중개사들을 만나는 것이 중요한 것 같은데, 요즘은 인터넷에 부동산 플랫폼들이 워낙 많지 않습니까? 각종 앱들도 많고요.

박종호 아무래도 저희한테 많은 영향을 미치고 있죠. 서민들의 입장에서 보면 부동산 정보의 접근성 자체가 또 하나의 고민이 되는 건 사실입니다. 전통적으로 부동산 시장은 정보 비대칭 구조였고, 공인중개사들은 그 정보를 기반으로 일을 해왔어요. 그런데 지금은 오히려 정보가 너무 많이 노출되다 보니, 예전처럼 정보가 부족해서가 아니라 정보의 홍수 속에서 선택하기가 더 어려운 상황이 됐습니다. 특히 허위 정보나 과장된 광고성 문구에 쉽게 노출된다는 점은 분명한 부작용입니다.

예를 들어 수성구에 신축 아파트가 하나만 들어서도 외부에서는 수성구 전체가 호황인 것처럼 인식되는 경우가 많습니다. 하지만 실제로는 일부 특정 지역만 강세를 보이는 게 현실입니다. 그럼에도 불구하고 '33평 기준, 핵심 학군 10억 원대 대신 6억 원대로 수성구 최요지 아파트 마련' 이런 자극적인 광고 문구들이 SNS 등을 통해 확산되면서 정확한 지역 맥락을 모르는 분들의 판단을 흐리게 하는 경우가 생깁니다.

이렇게 정보가 많아진 환경에서는 전적으로 그 정보를 믿을 것이 아니라, 어떤 정보가 사실에 가까운지, 무엇을 걸러내야 하는지 판단하는 능력이 매우 중요합니다.

정일균 문제는, 정보가 지나치게 많다 보니 그중에서 옥석을 가려내는 데 상당한 시간과 노력이 필요하다는 점이겠습니다. 이런 부분 역시 요즘 실수요자들이 현장에서 체감하는 현실적인 어려움이라고 볼 수 있겠군요.

박종호 맞습니다.

정일균 우후죽순 들어선 부동산 플랫폼도 플랫폼이지만, 공인중개사들 입장에서 보면 또 하나 힘이 빠질 수밖에 없는 통계가 있습니다. 어디 통계 자료를 보면, 앞으로 10년 안에 가장 먼저 사라질 직업 가운데 하나로 공인중개사가 거론되더라고요. 최근 들어 변호사 등 다른 직역에도 부동산 관련 업무가 일부 개방되면서 이런 이야기가 더 나오는 것 같은데요. 이런 부침 속에서 앞으로 공인중개사라는 직업이 어떤 방향으로 달라질 거라고 보시는지요?

박종호 영세업자들에겐 쉽지 않은 상황들이 계속 펼쳐지고 있죠. 저 같은 공인중개사들 대부분이 영세업자 아니겠습니까? 대형 마트가 들어오면서 동네 상점들이 하나둘 사라졌던 것처럼 중개업 역시 장기적으로는 그런 흐름을 피하기 어려울 겁니다.

그렇다면, 어떻게 해야 살아남을 수 있을까? 단순히 매물을 연결해 주는 역할을 넘어서는 단계로 가야 한다고 봅니다. 일종의 '라이프코치' 처럼, 또는 주치의처럼 고객 옆에서 자산 전반을 함께 고민해 주는 수준이 돼야 하지 않을까 싶습니다. 고객의 자산을 평생 관리해 주는 미국의 자산관리사 개념과도 비슷하다고 볼 수 있는데요.

쉽게 말해서, 단순 중개에 그치는 것이 아니라 거래 과정에서 필요한 세무 지식이나 법률 지식까지 함께 제공하면서, 고객의 상황에 맞는 선택을 도와주는 방향으로 역할이 확장돼야 한다는 겁니다. 그래야 중개사라는 직업도 더 오래 생명을 이어갈 수 있을 거라고 봅니다.

정일균 현재 수성구에 등록된 공인중개사 회원 수가 약 1,200명 정도 된다고 들었습니다.

박종호 등록되지 않은 인원까지 포함하면 1,400명 정도 됩니다.

정일균 더 많군요. 어떻습니까, 너무 많지 않습니까? 한 곳의 아파트 단지에 기본적으로 두세 군데가 넘는 중개업체들이 경쟁하고 있는 현실이지 않습니까? 이 많은 중개사들이 어떻게 생계를 유지해 나갈 수 있는지 의문이 들 수밖에 없습니다.

박종호 맞습니다. 많습니다. 그래서 지금처럼 경기가 어렵거나 규제가 강화되고 과태료 문제 등이 생기면 자연스럽게 도태돼 문을 닫는 경우가 늘어나고 있습니다. 일종의 시장 정리 과정이라고 볼 수 있는데, 사실 국가 차원에서도 중개사 수를 일정 부분 조절하는 장치가 필요하지 않겠느냐는 이야기가 나오고 있습니다.

의사 수 문제도 비슷한 맥락 아닙니까. 의대 정원을 한꺼번에 늘리면서 기존 의료계의 반발이 커진 것처럼, 중개사 역시 이미 생존이 쉽지 않은 상황에서 경쟁은 더 치열해지고 각자 자기 몫을 지키기조차 버거운 시기에 와있다고 봅니다.

정일균 제가 시의원으로 활동하면서 느끼는 게 있는데, 우리 관이 행정 전반에서 현장성이 상당히 부족하다는 겁니다. 그래서 저 같은 시의원 또 구의원들이 그런 간극을 열심히 메워야 한다고 생각합니다. 제가 늘 현장의 목소리를 많이 들어야 한다고 강조하는 이유도 바로 그 때문입니다. 회장님께서는 현장을 다니시면서 지역 정치인들이라든가 공무원들을 많이 만나오셨을 텐데요. 그분들과 소통하면서 아쉬웠던 점이나 바라는 게 있다면 이 기회에 말씀 한번 해주시죠.

박종호   하아, 진짜 많이 만났죠. 늘 드리는 말씀이에요. 앞서 말씀드렸던 과태료 문제는 말할 것도 없고요. 각종 정책을 입안하거나 제도를 설계할 때부터 관련 단체나 협회와 사전 소통 좀 해달라는 얘기도 많이 했죠. 형식적인 의견 수렴이 아니라 실제 현장의 목소리를 충분히 듣는 과정 말입니다.

법이나 제도가 만들어지면 실제로 이를 집행하는 곳은 말단 구청 현장입니다. 그렇다면 시행에 앞서 협회의 현실적인 사정은 어떤지, 어디까지가 현장에서 감당 가능한 수준인지, 또 법률이나 시행령 안에서 어느 정도의 재량권을 발휘할 수 있는지 등을 미리 검토해 주셔야 합니다.

무조건 단속하고 처벌하는 방식, 이른바 '일벌백계식' 접근보다는 현장을 살피는 애민 정책이 필요하다는 생각입니다. 그런 배려가 있다면, 지금처럼 어려운 환경 속에서도 저희 같은 현장 종사자들이 그나마 숨을 쉬면서 버텨갈 수 있지 않을까 기대해 봅니다.

정일균   네, 저도 말씀 잘 새겨서 참고하겠습니다. 아 참, 중요한 걸 놓칠 뻔했네요. 회장님께서는 '글로벌 공인중개사' 자격증도 취득하셨더군요?

박종호   맞습니다. (웃음)

정일균 외국인 투자자를 대상으로 한 자격증인가요? 구체적으로 어떤 역할이나 범위를 갖는 자격인지 설명 좀 해주시죠.

박종호 대구나 서울, 부산 같은 대도시에서는 '글로벌 공인중개사' 제도를 운영하고 있습니다. 시청이 주도해서 별도의 시험을 치르고, 이를 통해 외국인 대상 부동산 거래를 담당할 중개사를 선발하는 방식입니다. 대구의 경우에도 현재 이 제도를 통해 '글로벌 공인중개사'를 육성·운영하고 있고요.

정일균 정부가 하는 게 아니고 각 지자체에서 시행하는 겁니까?

박종호 제가 알기로는 이 제도가 의무 사항은 아니고, 외국인 거주자나 투자자가 늘어나는 흐름에 맞춰 지자체별로 자율적으로 운영되고 있습니다. 언어 장벽 때문에 외국인들이 부동산 중개 과정에서 불이익을 받거나 피해를 입지 않도록 돕기 위한 취지라고 볼 수 있죠. 영어권, 중국어권, 일본어권 등 언어별로 중개사들이 선발되고 시험과 면접, 외국어 평가 등을 거쳐 자격을 부여받는 구조입니다. 서울이나 부산의 경우는 외국인 비중이 상당히 높아지면서, 관련 시장이 하나의 영역으로 자리 잡을 만큼 활성화돼 있습니다.
대구는 상대적으로 시장 규모가 크지 않지만, 저는 약 3~4

년 전에 이 과정을 거쳐서 '대구 1호 글로벌 공인중개사'로 활동하고 있습니다. 다만 대구에는 미군 부대가 있지 않습니까? 미군 대상 부동산 중개는 별도의 라이선스를 가진 중개사들만 할 수 있도록 제한돼 있습니다. 그 인원도 10여 명으로 정해져 있고, 해당 업무는 그분들과 직접 수행하거나 협력하는 방식으로만 가능합니다. 일반 중개사가 단독으로 맡기는 어렵습니다. 저 역시 그 라이선스를 보유하고 있습니다.

정일균 대단하시네요. 영어를 잘하시겠군요?(웃음)

박종호 영어 필기시험도 치르고, 원어민 면접관 앞에서 실제로 영어 인터뷰를 거쳐 합격했습니다. 이게 아무나 딸 수 있는 게 아닙니다. (웃음)

정일균 회장님을 보면 전문성도 깊고 꾸준히 공부도 하신다는 게 느껴집니다. 인상도 좋으셔서, 고객들에게 자연스럽게 신뢰를 주는 분이라는 생각이 듭니다. 그런 모습과 기준이 회원들 사이에도 잘 전파돼서, 수성구 공인중개사들이 다른 지역보다 더 똑똑하고, 더 신뢰받는 전문가로 자리 잡았으면 하는 바람도 있습니다. 마지막으로 정치권이나 행정기관에 꼭 전하고 싶은 말씀이 있다면, 간단하게 한말씀 부탁드리겠습니다.

박종호 정치인이나 공무원들이 선거철에만 잠깐 현장을 찾고, 일회성 이벤트처럼 지나가는 방식은 이제 바뀌어야 한다고 생각합니다. 국가나 지역의 입장에서 보면, 법안이나 제도를 만들기 전에 어떤 부분이 문제가 될 수 있는지 미리 현장에서 공유하고 점검하는 과정이 필요합니다.

첫째, 현장성. 둘째, 지속성. 이 두 가지를 늘 염두에 둬주시면 좋겠습니다. 특정 현안이나 이슈에 대해 한 번 듣고 끝나는 것이 아니라, 지속적으로 팔로우하고 관리할 수 있는 구조가 필요하다는 뜻입니다.

또한, 국가 차원의 소통 창구도 중요하지만 대구시나 수성구 차원에서 정치인, 행정기관, 그리고 각종 단체들이 함께 참여해 현안을 공유하고 논의할 수 있는 상시적인 소통 채널이 하나쯤은 구축됐으면 합니다.

정일균 그런 채널을 만들어 가려는 정치인이 있다면 적극적으로 뒷받침해 주는 것도 필요하겠죠?(웃음) 당장 모든 문제가 해결되지는 않더라도, 꾸준히 소통해 간다면 현안을 함께 인식하고 방향을 맞춰가는 것만으로도 큰 의미가 있을 거라고 생각합니다. 제가 그 소통의 창구 역할을 할 수 있도록 열심히 하겠습니다. 오늘 좋은 인터뷰, 감사합니다.

박종호 저도 더 열심히 하겠습니다.

백민호

한국외식업중앙회 대구지회 수성구지부장
직장·공장새마을운동 협의회 수성구지회장
범어2동 주민자치위원장
감나무집 대표

그를 인터뷰하기에 앞서 '백민호 감나무집 대표'를 포털사이트에 검색했다. 수성미래교육재단 장학금 기탁, 수성구청에 이웃돕기 성금 전달, 저소득층에 백미 기탁, 사랑의 삼계탕 나눔 행사…. 평소의 행보를 알고 있지만 기사로 보니 또 새삼스럽다.

그를 알고 지낸 지는 10년가량 된다. 수성구초등학교운영위원장협의회에서 처음 만나, 수성구중학교운영위원장협의회까지 인연이 이어졌고 이제는 형님, 동생 하는 사이가 됐다.

오랜 기간 그를 가까이에서 지켜봐 온바, 그의 무기는 꾸준함과 성실함이다. 코로나 팬데믹과 인건비·원재료비 상승 등 휘몰아치는 태풍 속에서도 범어동 감나무집을 지켜온 것이 16년째. 황금종합사회복지관에서 두 달에 한 번, 삼계탕 무료급식봉사를 함께 해온 지도 벌써 10년이다.

그뿐인가. 젊은 나이에 직장·공장새마을운동 수성구협의회장과 범어2동 주민자치위원장, 한국외식업중앙회 대구지회 수성구지부 회장 등 요직을 맡아 지역 사회에 도움이 되는 활동을 해오고 있다.

감나무집을 한 번이라도 가봤다면, 가게 한쪽의 벽을 가득 채운 상장과 감사패에 깊은 인상을 받았을 테다. '서울월드푸드올림픽' 대상을 비롯해 각종 기관과 단체로부터 받은 표창장, 감사장, 공로패, 우수봉사패까지. 그는 요식업은 물론 사회봉사, 교육 등 다양한 분야에서 인정받는 인물이다.

그의 이런 에너지는 대체 어디에서 나오는 걸까. 해신탕인가, 삼계탕인가. 쓸데없지만 그럴싸한(?) 생각을 하며 그와 반갑게 악수를 나눴다.

정일균 대표님 잘 지내셨지요. 항상 만나면서도 궁금했던 것부터 여쭤보려 합니다. 16년 전, 감나무집을 어떻게 시작하게 됐나요?

백민호 대학에서 방사선과를 전공했어요. 하지만 병원 특유의 냄새를 좋아하지 않았고 직업 생명도 길지 않게 느껴졌어요. 학교 다닐 때부터 요리학원을 다닐 정도로 관심이 많았던 외식업계에 도전해 보자고 생각해서, 졸업과 동시에 작은 가게를 열었죠. 감나무집은 범어3동에서 6년을 하다, 범어2동으로 옮겨온 지 10년째입니다.

정일균 16년 동안 한 자리를 지킨다는 것이 쉽지 않은 일일 것 같은데, 장수하는 비결이 있습니까?

백민호 돌아보니 벌써 16년이네요. 한국에서 자영업을 한다는 것이 정말 쉽지 않지 않음을 매 순간 느낍니다. 그래도 저희 가게 메뉴가 보양식이어서 경쟁자가 비교적 적은 편입니다. 그리고 해마다 새로운 메뉴 개발에 힘쓰고,

손님들이 찾지 않는 음식은 과감하게 버립니다. 또 솔직히 말씀드리면, 제가 외부 활동을 하는 이유에는 단체 손님 유치를 위한 것도 있습니다. 가만히 있으면 손님들이 오지 않으니, 직접 손님들을 부지런히 찾아나서는 수밖에요.

정일균 역시 남다른 비결이 있었군요. 지금까지 외식업을 해온 나날들을 돌이켜 보면 어떤가요?

백민호 단골 손님들이 저희 가게를 잊지 않고 꾸준히 찾아주시는 것을 볼 때마다 보람을 느낍니다. 또 정성을 다해 준비하는 음식들에 대해서도 큰 자부심이 있고요. 지금까지 그래 왔던 것처럼 항상 준비된 자세로, 감사하는 마음을 갖고 운영해 나가고 있습니다.

정일균 식당 운영 철학은 무엇인가요?

백민호 첫째도, 둘째도 '사회 환원'에 목적을 두고 있습니다. 늘 가게를 찾아주는 분들, 저를 도와주시는 분들에게 보답하는 방법은 사회의 어려운 분들에게 제가 도움을 주는 것이라 생각합니다.
처음 범어3동에서 가게를 6년 정도 하다가, 건물주가 가게를 비워달라고 했을 때 사실 갈 곳이 마땅찮았습니다. 그때 주변에서 저를 참 많이 도와주셨어요. 함께 봉사하시던 분들이 길을 잘 가르쳐주신 덕분에 지금까지 자리를 잘 잡은 것 같습니다. 그 고마움과 절실함을 항상 생각하며, 더

어려운 사람들에게 환원한다는 마음가짐으로 계속 해나가려고 합니다. 이곳으로 확장 이전했을 때, 그리고 개점 5주년, 10주년을 맞았을 때도 화환 대신 쌀을 받아서 어르신들께 기부하기도 했습니다.

정일균 그래서 사회 봉사활동을 많이 하시는군요.

백민호 여기저기서 하는 봉사활동 시간을 합쳐보니 2천 시간 이상이 됩니다. 또 기부 금액으로 따져보면 1억 원이 넘더라고요. 헌데 제가 거창하게 뭘 하는 게 아니라, 겨울에는 동네 어르신들에게 방한용품이나 따뜻한 옷을 드리고, 쌀을 나눠드리고. 그렇게 조금씩 해온 것들이 쌓인 것 같습니다. 누구나 할 수 있는, 누구나 해오고 있는 일이라 생각합니다.

또 어르신들이 보양식을 챙겨드시면 좋겠다는 생각에, 황

금종합복지관을 두 달에 한 번 정도 찾아 삼계탕 1,500그
릇가량을 요리하고 직접 배식하는 봉사도 10년 정도 해오
고 있습니다. 맛있게 드셔주시는 모습을 볼 때마다 뿌듯함
을 느끼고, 항상 사회의 조그마한 부분에라도 도움이 되자
는 다짐을 또 하게 되죠.

정일균 아무나 가질 수 없는 마인드라고 생각되는데요,
너무 멋집니다. 한국외식업중앙회 대구지회 수성구지부
회장도 맡고 있으시죠. 굉장히 젊으신 편입니다.

백민호 네. 2025년 3월에 당선됐는데, 대구 9개 구·군 지
회장 중 가장 젊고, 전국에서는 네 번째로 젊다고 알고 있
습니다.(웃음)

정일균 수성구지부 회원 수는 얼마나 됩니까?

백민호 현재 2,600여 개 업소가 수성구지부에 등록돼 있
습니다. 외식업중앙회는 의무 가입이 아니다 보니, 비회원
업소는 800개가량 있는 것으로 추정됩니다. 하지만 외식업
체가 한 목소리를 내기 위해, 혹은 정부를 통한 지원이 골
고루 분배되기 위해서는 협회 가입이 필요하다고 보고, 업
체들의 가입을 유도하는 노력을 계속 해오고 있습니다. 또
협회에 가입하면 좋은 식자재를 함께 저렴한 가격에 구매
할 수도 있다는 장점이 있죠.
사실 협회에서 카드 수수료 인하를 지속적으로 요구해서,

계속 수수료를 낮추고 있습니다. 회원이 아니라도 혜택을 받는데, 그 노력을 알아주시고 회원으로 등록해 주시는 분들도 있어 참 고마울 따름입니다.

정일균 수성구는 외식업을 하기에 어떤가요?

백민호 다른 구·군에 비해 지원이 많은 편 같습니다. 코로나 팬데믹 때 대구에서 유일하게 음식물 쓰레기 처리 비용을 지원해 줬죠. 비용만 해도 몇십 억은 될 텐데 그걸 도와주니 많은 업소들에게 큰 도움이 됐습니다. 또 앞치마나 수저집처럼, 소소하게 비용이 드는 일회용품을 마련하는 데도 많은 도움을 주고 있습니다.

정일균 그렇군요. 사실 언론 등을 통해 잘 알려져 있듯, 자영업자들이 지속적으로 폐업하는 등 경기가 좋지 않습니다. 현장에서 많이 체감하실 것 같습니다.

백민호 맞습니다. 대구는 자영업자 수 비율이 인구 100명당 10.7명으로 전국 최고 수준입니다. 헌데 폐업률도 상당히 높습니다. 특히 대구의 폐업자 수는 2020~2022년에 34,000~36,000명대를 유지하다 2023년 급증해 40,000명대에 진입했고, 2024년에는 40,910명으로 역대 최고치를 찍었습니다. 오히려 코로나 때보다도 더 어려워졌다는 겁니다. 정말 심각한 수준입니다.

정일균 운영하는 데 있어 가장 어려움을 느끼는 부분은 무엇인가요?

백민호 일단 최저시급 인상에 따라, 인건비가 너무 많이 올랐습니다. 원재료비도 올랐는데, 그에 맞춰 무턱대고 메뉴 가격을 올리기는 힘든 것이 현실입니다. 또 방문 손님 자체가 크게 줄었습니다. 금리가 오르다 보니 모두들 허리띠를 졸라매느라, 외식에 드는 비용을 가장 먼저 줄이는 게 아닐까 싶습니다.

코로나 이후 모임도 크게 줄고, 요즘 집에서 간편하게 해 먹을 수 있는 밀키트 음식이 워낙 잘 나오다 보니 외식을 하지 않는 경향도 있는 것 같습니다. 또 2, 3차까지 술자리를 이어가는 경우가 적어지면서, 이제 저녁 8시 이후로는 거의 신규 손님이 들어오지 않습니다. 얘기하다 보니 참 어려운 점이 많네요.

정일균 말씀하신 대로 여러 상황이 안 좋아도, 꿋꿋이 버티고 있는 자영업자들이 굉장히 많을 것 같습니다. 대표님은 인건비 등 고정비 절감의 방법을 어떻게 찾고 있습니까?

백민호 저뿐만 아니라 많은 사장님들이 인건비를 줄이기 위해 아침부터 밤 늦게까지 직접 업장을 지키는 경우가 많습니다. 필요한 경우에만 파트타임으로 직원을 뽑을 수밖에 없는 상황이죠. 인건비 절약을 위해 다양한 방법을 모색하고 있는데, 최근에는 제가 외국인 고용 관련 규제 완화를 건의하고 있습니다. 외식업에 외국인 고용 조건이 까다롭다 보니 고용하기 힘든 편이어서요.

정일균 운영에 있어 또 절실하게 필요한 부분이 있을까요?

백민호 직원 고용에 있어 법적으로 개선해야 할 부분들도 있습니다. 특히 미성년자들이 신분증을 위조해 취업하거나, 일하러 오는 무리 사이에 미성년자 한 명을 넣어놓고는 무리 중 다른 성인이 일부러 신고하는 경우도 있습니다. 정말 황당하죠.
지금은 좀 완화됐지만, 그렇게 되면 예전에는 영업정지 한 달, 과태료 천만 원, 이렇게 받는 황당한 경우가 정말 생기기도 했습니다. 사실상 문 닫으라는 소리죠. 그런데 그런 문제가 발생했을 때 해당 청소년들은 법적 책임을 물지 않습니다. 그래서 저는 그 부모들이 책임을 지는 상벌제가 이뤄져야 한다고 봅니다. 법을 좀 손보는 것이 필요하다고 생각합니다.

정일균 수성구지회장을 맡고 계시니 그런 부분을 적극적으로 개선해 나가시는 것이 어떨지요?

백민호 네, 지회장으로서 악의적으로 영업을 방해하는 미성년자들에게 상벌제를 도입해야 한다는 법안을 지속적으로 건의하고 있고, 외국인들 취업 비자 관련해 요건을 완화시켜 달라는 것, 이 두 개를 해결하는 데 우선적으로 주력하고 있습니다.

정일균 그 외에 지회장으로서 특별히 공을 들이는 부분이 있으신가요?

백민호 사실 외식업을 하려면 음식부터 경영까지 전반적으로 경험과 교육이 필요한데, 무작정 프랜차이즈 등에 뛰어들었다가 실패하는 경우를 많이 봤습니다. 솔직히 말씀드리면 은퇴 후 퇴직금으로 식당을 차렸다가 얼마 안 가 문 닫고 돈 날리는 경우가 생각보다 정말 많습니다. 그런 부분들이 또 폐업률을 높이는 거겠죠. 그래서 교육은 물론이고, 신입 회원들을 비롯해 회원업체들끼리 경험과 노하우 등을 공유하며 함께 좋은 방향으로 나아가려는 노력을 하려고 합니다.

그리고 제가 회장이 되고 난 뒤, 몇 분을 제외하고 운영진들을 젊은 층으로 과감하게 바꿨습니다. 젊은 층들이 아무래도 최신 트렌드에 맞게 광고나 마케팅을 공격적으로 잘하더라고요. 그들과 소통하면서 서로 배우고 가르쳐 주며 분위기를 쇄신하려는 노력도 하고 있습니다.

정일균 대구시나 수성구에 바라는 점이 있으신가요?

백민호 특별히 바라는 점은 없습니다. 다만 기관들이 지역 주민들과 충분히 소통하는 것이 최우선이라고 생각합니다. 항상 귀를 열어두고 누구나 다가갈 수 있는 자세를 갖추고 있다면, 큰 어려움이 없을 것이라 생각합니다.

정일균 네, 수성구 자영업자들의 목소리를 대변해 주시고 봉사도 많이 하시는 대표님, 앞으로도 많은 활동 부탁드립니다. 감사합니다.

백인계

민족통일협의회 수성구지회 회장
황금2동 주민자치위원회 위원장
대한적십자봉사회 전국협의회 부회장
前 수성구 여성단체협의회 회장
前 대한적십자봉사회 대구협의회 회장

누군가는 말한다. 세상은 거대한 강물과 같아서, 어디선가 밀려온 따뜻한 물결 하나가 멀리 있는 누군가의 차가운 손을 적신다고. 봉사하는 삶은 그 물결의 첫 출렁임과도 같다. 눈에 띄지 않는 작은 선의(善意)가 누군가의 하루를 바꾸고, 그 하루가 다시 한 사람의 마음을 살리고, 그 마음이 또 다른 곳으로 번져간다. 봉사란 거창한 제스처이기보다, 누군가의 집 앞에 조용히 내려놓는 반찬 한 그릇, 고단한 손을 슬며시 감싸는 짧은 손길, 늦은 밤에도 멈추지 않는 안부 전화, 그저 '당신을 잊지 않았다'는 말의 형태로 세상 곳곳에 작은 불씨처럼 놓여있다.

봉사하는 사람들의 공통점은 하나다. 그들은 도움을 준다고 생각하기보다, 그저 마음이 흐르는 방향으로 움직일 뿐이라고 입을 모은다. 바람이 나뭇잎에 닿듯, 강물이 낮은 곳으로 흘러가듯, 그들에게 봉사는 세상의 질서와 같다. 사람들은 종종 묻는다. "그렇게 많이 주고도 힘들지 않느냐"고. 그러나 그들은 "주는 만큼 다시 채워진다"며 웃을 뿐이다. 비워내는 삶이 오히려 더 풍요롭다는 사실을 누구보다 먼저 깨달은 사람들이기에. 봉사하는 삶은 거울 같다. 우리가 세상에 비춘 따뜻함이 언젠가 반사되어 다시 우리에게 돌아오는 것이다. 그때 우리는 알게 된다. 타인을 향한 마음이 곧 나 자신을 살리는 힘이라는 것을.

백인계 대구적십자사 회장은 매일 새벽 6시 반이면 어김없이 '누군가를 위한 하루'를 시작한다. 자신도 노인이면서 독거노인의 현관 앞에 도시락을 놓아두고, 도움의 손길이 필요한 곳이면 먼 길도 마다하지 않고 달려간다. 그의 하루는 누군가의 하루를 지탱하는 힘이다. "봉사는 나를 움직이는 심장이며, 나를 비우고, 다시 채우게 하는 숨결"이라고 말하는 그를 만난 봉사로 점철된 그의 삶을 들여다보았다.

정일균 회장님은 워낙에 맡은 일이 많으셔서 일단 회장님 소개 말씀으로 인터뷰를 시작해야겠습니다. 지금 맡고 계시는 일들은 무엇입니까?

백인계 저는 '봉사하는 삶'을 사명으로 여기며 활동하고 있습니다. 현재 대구적십자사 대구시 회장이면서 나눔위원회 위원장을 맡고 있습니다. 그리고 여러 복지관을 다니며 봉사도 하고 있습니다. 다양한 봉사활동을 하고 있지만 적십자사 활동을 우선으로 두고 있습니다.

정일균 작년에 적십자 활동으로 3천 시간을 봉사하신 공로를 인정받아 대통령 표창을 받으셨습니다. 누구도 따라할 수 없는 봉사 이력이라고 사료됩니다.

백인계 저도 열심히 했지만 주위 분들의 도움이 있었기에 가능한 일이었습니다. 개인의 성과 이전에 저와 함께한 봉사자 모두의 성취로 보아야 할 것 같습니다.

정일균 적십자 봉사 외에도 다양한 사회활동을 하고 계시지요? 주로 어떤 활동을 하고 계시는지요?

백인계 민주평화통일협의회 수성구협회장을 맡고 있고, 장애인단체 부회장과 자문위원회 부회장직도 맡고 있습니다. 그렇지만 중심이 되는 것은 인도주의 정신의 실천이라는 점에서 적십자사 봉사 활동입니다. 소외된 계층과 적십자사의 결연을 통해 어려운 분들의 건강 도우미 역할을 하고 있습니다. 그리고 복지관 활동을 추가합니다. 매주 도시락을 직접 만들어서 복지관에 점심이나 석식 배달을 합니다.

정일균 도시락 무료 배달 봉사를 오래 하셨잖아요.

백인계 범어복지관에서 매주 월요일, 황금복지관 밑반찬 봉사, 매주 첫째 둘째 화요일에 황금복지관 석식 봉사, 매주 월요일부터 금요일까지 범물복지관 석식 제공을 하고 있습니다. 그리고 홀트복지관에도 도시락을 제공하고 있습니다.

정일균 도시락 배달 대상자가 정해져 있는지요?

백인계 복지관에서 정해주신 분들이 대상이 되고 있습니다. 음식은 저희 공간에서 만들고, 배달은 외부에 맡깁니다. 황금복지관은 봉사요원 1명과 함께 제가 배달까지 담당하고 있습니다. 제가 배달하는 것은 8~10가구 정도 됩니다. 몸이 불편하신 분은 저희에게 냉장고에 반찬을 넣어달라고 부탁하시기도 합니다.

정일균 도시락 배달을 하실 때도 도시락 배달만 하시는 것이 아니지 않습니까?

백인계 직접 조리도 하고, 배달도 합니다. 배달 가서 어르신을 만나면 힘든 점은 없는지 상담도 하고, 토요일이나 일요일에는 어르신들 혈압 체크나 당뇨 검사도 해드립니다. 단순한 도시락 봉사보다 어르신들의 몸과 마음의 건강까지 챙깁니다.

정일균 회장님이 지금 단체 맡고 있는 것만 해도 제가 알기로 굉장히 많은데요. 봉사 시간을 어떻게 빼내십니까?

백인계 제 생활 자체가 봉사로 채워져 있기 때문에 가능한 것 같습니다. 매일 아침 6시 30분부터 오후 6시까지 봉사활동이 이어집니다. 저녁에는 모임도 가고, 운동도 하며 개인활동도 합니다.

정일균 정말 대단하신데요. 이렇게 많은 봉사를 하고 계시는데, 처음 봉사를 하시게 된 계기나 동기가 있었을 것 같습니다.

백인계 저의 봉사 역사는 오래되었습니다. 시작은 대학 재학 시기였습니다. 당시 저는 적십자 봉사 요원으로 활동을 했습니다. 제가 간호대학을 나왔기 때문에 방학 때는 초등학교 응급처치 강사도 하고, 무의촌 진료 봉사도 다녔습니다. 대학을 졸업하고 학교에서 양육 교사로 재직하면서 적십자 봉사 요원을 그만 두었고, 그때부터는 일반 봉사활동을 했습니다. 적십자 봉사는 퇴직 후 2006년도부터 다시 시작했습니다.

정일균 봉사활동을 하시면서 특별하게 보람된 순간으로 기억하는 것이 있을까요?

백인계 제가 학교에 근무할 때 소녀 가장 아이들이 있었습니다. 그런 학생들을 방과 후에 양호실에서 공부하도록 도왔고, 학원을 보내주기도 하고, 저희 집에 데려가기도 했습니다.

정일균 보통은 봉사 대상이 노인일 경우가 많습니다. 그런데 회장님은 아이들부터 노인에 이르기까지 봉사의 대상에 다양한 연령층을 아우르고 있습니다. 특히 금전적인 후원도 많이 하신다고 들었습니다.

백인계 몸으로 해야 하는 봉사도 있지만, 금전적으로 도움이 필요한 곳도 있습니다. 병원비가 모자란다든가 하는 경우죠. 그럴 때 금전적인 후원을 해야 합니다.

정일균 활동 영역이 수성구를 넘어서 대구 전역에 분포되어 있습니다.

백인계 제가 수성구 관내 다섯 개 복지관에서 운영위원을 역임하고 있습니다. 그리고 북구에서 후원회장도 맡고 있습니다.

정일균 직접 몸을 움직이는 봉사와 금전적인 봉사를 겸하고 계십니다. 말이 그렇지, 그런 전방위적인 봉사는 쉽지가 않습니다. 돈이 있어도 마음이 없으면 못 하는 것이니까요.

백인계 봉사자에는 기본 원칙이 있습니다. 첫째는 자의적으로 자원을 해야 되는 것이고, 둘째는 지속성이 있어야 합니다. 한두 번 활동을 했다고 봉사자라고 할 수는 없습니다. 셋째는 공익성이 있어야 합니다. 타인을 위한 봉사여야 합니다. 그리고 마지막 넷째는 무보수인데 이것은 너무나 당연한 것입니다.

정일균 봉사 4원칙이라는 것은 저도 몰랐던 내용인데, 그 네 가지 덕목을 회장님께서는 철저하게 지키시는 것이네요.

백인계 저는 지금도 도움의 손길이 필요한 곳에서 저를 불러주는 것이 고맙습니다. 제가 누군가에게 힘이 되어줄 수 있다는 것은 삶의 큰 가치를 실천하는 것이니까요. 그렇기 때문에 저는 저를 필요로 하면 지금도 어디든 달려갑니다.

정일균 예전 어느 인터뷰에서 "봉사가 돈 버는 일과 같다"라고 하신 말씀이 기억납니다. 제가 뵙기에는 교직에 계실 때보다 퇴직 후가 더 바쁘신 것 같습니다. 봉사라는 더 큰 가치가 회장님 앞에 놓인 느낌입니다.

회장님 말씀을 듣다 보니 이쯤에서 그 오랜 시간 회장님을 봉사로 이끄신 원동력이 무엇인지 궁금해집니다.

백인계 봉사 활동을 하면 여러 가지 해야 할 일들이 있습니다. 어떤 때는 닭 500마리를 손질해야 할 때가 있습니다. 그럴 때 피곤하다고 생각하면 힘이 들기 마련입니다. 그러나 저는 피곤하다고 느껴지는 때가 없습니다. 제가 가장 즐거울 때가 봉사할 때이니 피곤하다는 것을 느낄 틈이 없는 것이지요. 누군가에게 맛있는 닭을 대접할 수 있다고 생각하면 왜 힘이 나지 않겠습니까? 그런 마음이 있기 때문에 어디서라도 부르면 기꺼이 달려가고 있습니다.

대구 이외의 지역에서 갑작스럽게 재난이 생겼을 때도, 얼른 달려가고 싶은 마음에 봉사자 모집 공고가 나기만을 기다립니다. 그러나 일에는 순서가 있기에 기다리는 시간이 있는데 그때는 조바심이 납니다. 단 몇 명이라고 모아서 얼른 달려가서 힘이 되고 싶은 마음이 간절합니다.

정일균 제가 곁에서 뵙기에도 회장님께서는 항상 즐겁게 봉사 활동을 하시는 것 같습니다. 그렇지만 인간이기에 시간이 가면 갈수록 첫 마음을 유지하기가 쉽지 않습니다. 회장님의 경우는 어떠신지요?

백인계 저는 늘 한결같습니다. 제게는 봉사라는 것이 이 타적인 활동이어서 봉사활동 자체에서 삶의 원동력을 얻습니다. 이제 제 인생은 봉사를 빼고 설명할 수 없습니다. 그러니 한결같을 수밖에요.

정일균 회장님의 연세가 80대 초반이십니다. 이제는 회장님이 누군가의 보호를 받으셔야 하는 연세이신데, 여전히 청년의 기운으로 누군가에게 손을 내밀고 계십니다. 어디서 그런 힘이 나오시는지 늘 궁금했습니다.

백인계 보통 새벽 1시 정도에 잠자리에 들면 오전 6시에 일어납니다. 잠에서 깨서 씻고 식사를 하면 "오늘은 어디를 가서 도움을 줘야 하나?" 하는 생각이 먼저 떠오릅니다. 봉사가 제게는 활력입니다.

정일균 현장에 봉사 다니시면서 이제 가장 어려웠던 순간이나 아쉬운 점이 있으셨는지요?

백인계 보통 사람들은 제가 워낙 봉사를 많이 하니까 나라에서 돈을 받고 하는 것으로 오해하실 때도 있습니다. 자기 돈을 내면서 그 많은 봉사활동을 한다는 생각을 못하니까요. 그런 오해를 받을 때 힘이 빠집니다.

정일균 어르신들이 어디 다니시는 것을 불편해하셔서 집에 계시는 경우가 많은데요. 회장님은 같은 연배 어르신들과 비교하면 정말 많은 활동량이십니다.

백인계 제 나이에 갈 곳이 있다는 것만 해도 행복합니다. 아직은 움직일 힘이 있고, 불러주는 곳이 있는데 안 다닐 이유가 뭐가 있겠습니까? 다쳐서 누우면 아무 필요가 없지 않습니까? 힘이 있을 때 많이 다니고 봉사를 하는 것이 행복이라고 생각합니다.

정일균 참으로 대단하시고 존경스럽습니다. 회장님께서 평소에 "비워야 채워진다"라든가, "돈도 써야 벌 수 있다"는 말씀을 자주 하셨습니다. 기부와 봉사에도 그 말씀이 적용되는지요?

백인계 저는 학창 시절에도 경제적인 어려움이 없었어요. 부모님께 감사한 일이지요. 결혼해서도 생활비 걱정은 안 했습니다. 제가 돈 걱정을 하기 시작한 것은 누군가가 장학금이 필요하다는 이야기를 들었을 때였습니다. 제 수중에 그만한 현금은 없고, 그럴 때 마음이 조급해졌어요. 그런데 신기하게도 그럴 때 보험이나 적금이 만기되는 것이 있었어요. 어떤 때는 빌려준 돈을 받는 경우도 있었어요. 좋은 일에 쓰려고 하면 어딘가에서 그 돈이 채워진다는 것을 경험하게 되고, 그러면서 "비워야 채워진다"는 믿음도 생겼습니다.

정일균 가족들의 지원도 필요한 일인데 어떠신지요?

백인계 남편은 저보고 "당신은 돈 벌러 나니는 사람보다 더 바쁘다"는 소리를 합니다. 그럴 때 저는 "제가 돈을 벌고 있잖아요"라고 대답을 합니다. 봉사를 통해 하루가 즐겁고, 그 즐거움 속에서 엔돌핀이 생성되면 정신적으로나 육체적으로 건강에 도움이 되고, 그것이야말로 돈 버는 일이 아니겠습니까? 제게 돈이 들어와야 꼭 돈을 버는 것은 아니니까요.

우리 딸도 "엄마는 평일은 물론이고 주말도 없고, 밤낮도 없다"며 저의 건강을 걱정하고는 합니다. 그때도 저는 "내가 갈 곳이 있는데 얼마나 행복하냐?"라고 반문합니다.

정일균 구체적으로 봉사활동이 육체적이나 정신적인 건강에 어떤 영향을 미치는 것입니까?

백인계 젊은 사람도 제사를 지내면 다음 날 피로를 느낀다고 하는데, 저는 밤을 꼴딱 새도 피곤한 줄을 모릅니다. 어디에 봉사를 가야 한다든가, 무엇을 해야 한다는 생각을 하면 피곤이 저만치 물러갑니다. 그리고 활동 하는 동안에는 신기하게도 허리나 다리 통증이 사라집니다. 그러다 집에 가면 다시 통증이 옵니다. 그러나 자고 나면 또 새로운 활력이 돋고, 그 힘으로 봉사 현장을 다닙니다.

정일균 봉사 현장이 회장님에게는 건강의 원천이자 삶을 인도하는 스승인 것 같습니다.

백인계 맞습니다. 제가 장애인시설 봉사도 많이 다니는데, 그런 곳을 다녀오면 우리 아이들에게 말합니다. "신체적으로 불편한 것이 없다는 것만 해도 감사한 일"이라고요. 저희들이 장애인의 삶을 이해하기 위해 시각장애 체험도 하는데, 그때 체험을 해보면 장애인의 삶이 얼마나 힘든지에 대해 공감을 하게 됩니다. 그러면서 그분들의 눈높이에서 봉사를 해야겠다는 생각도 하고, 또 사지육신 멀쩡하게 살아갈 수 있다는 것에 대해서도 새삼 감사를 느낍니다.

정일균 복지관 일곱 곳의 운영위원, 장애인 단체, 민주평화통일협의회, 주민자치위원회 등 다양한 단체에서 활동을 하고 계십니다. 그 많은 활동에 필요한 스케줄 관리는 어떻게 하십니까?

백인계 하루에 적어도 3~4개의 활동을 소화하려면 시간을 쪼개야 합니다. 아침을 일찍 시작하고 저녁 늦게까지 활동을 합니다. 하루를 길게 활용하는 것이지요. 하루 일과를 끝낸 새벽 1시부터 2시까지 카톡을 보고 답을 합니다. 하루에 수백 개의 카카오톡 메시지가 들어오는데, 확인을 주로 새벽에 합니다. 다음 날 스케줄도 그때 짭니다.

정일균 장례식장도 일일이 찾아가고 계시는데요. 지난번에는 밤 운전을 해서 안동 장례식장을 다녀오시는 것을 뵈었습니다. 위험하다거나 피곤하다는 생각은 안 하시는지요?

백인계 제가 장례식장이나 49재는 안 빠지고 다닙니다. 그것이 가족을 잃은 사람들에게 위로가 되기 때문인데요. 먼 거리도 마다않고 운전해서 가는 것은 제가 운전해서 어디 다니는 것을 좋아하기 때문입니다. 서울도 당일치기로 운전해서 갔다 와도 피곤한 줄을 모릅니다. 한번은 새벽 3시에 삼척을 갔어요. 새벽 4시쯤에 탁 트인 동해안 도로를 운전하고 가는데 그렇게 좋을 수가 없었습니다.

정일균 정말로 회장님은 제가 본 봉사자들 중에서 연구 대상입니다. 늘 한결같으시고, 열정이 넘치시니까요. 저희가 본받아야 할 롤 모델이죠.

백인계 저는 장기 기증 의사를 밝혔기 때문에 영양제도 안 먹습니다. 혈압이 있어 혈압 약만 챙깁니다. 될 수 있으면 약을 안 먹고 건강을 유지했다가 이 세상을 떠날 때 누군가에게 제 몸이 도움이 되어야 한다는 생각에서 그렇게 하고 있습니다. 특히 아프지 않아야 한다는 생각을 많이 하고 있습니다.

정일균 아프고 싶은 사람이 누가 있겠습니까? 그래서 다들 영양제도 챙겨 먹고, 운동도 하게 됩니다. 그러나 회장님께서는 사후 몸 기증을 위해 영양제도 안 드신다고 하니 참으로 대단하시다는 생각이 새삼 듭니다. 그렇다면 회장님 건강관리는 어떻게 하시는지요?

백인계 제 건강관리는 단순합니다. 즐겁게 사는 것이죠. '일체유심조(一切唯心造)'라는 말이 있지 않습니까? 모든 것이 마음으로부터 온다는 말인데, 저 역시 마음이 즐거우면 몸의 건강도 따라온다는 소신을 가지고 있습니다. 물론 저도 살다 보면 싫은 사람도 더러 만나게 됩니다. 그러나 그럴 때 스트레스를 받기보다 "저 사람은 그런 사람인가 보다"하며 마음에 응어리를 가지지 않으려고 합니다.

그리고 또 하나의 건강관리 비결은 늘 감사하는 마음을 가지는 것입니다. 아침에 눈을 뜨면 "오늘도 이렇게 깨어나게 해주셔서 감사하다"는 기도부터 올립니다. 그리고 저녁 때도 무사히 돌아와 가족과 함께 저녁을 먹을 수 있음에 감사해합니다.

정일균 베푸는 즐거움이 회장님의 건강비결인 것이네요. 또 하나는 회장님 차 트렁크의 비밀입니다. 회장님 자동차 트렁크에는 항상 먹을 것이 있었습니다. 트렁크에 먹을 것을 채워 다니시는 이유가 있을 것입니다.

백인계 제 자동차 트렁크에는 먹을 것이 떨어지지 않습니다. 떨어졌다 싶으면 마트에 가서 바로 채워놓습니다. 함께 봉사하는 봉사자들이나 지인들을 만나면 뭐라도 주고 싶은 마음에서 그렇게 하고 있습니다. 어떨 때는 누가 제가 입은 옷이 예쁘다고 하면 그 옷을 벗어드리기도 합니다. 나눔의 즐거움을 알기 때문에 할 수 있는 일인 것 같습니다.

정일균 누군가가 회장님 앞에서는 "무엇이 좋다"라는 말을 못한다고 하더군요. 그러면 그다음 날 어김없이 회장님이 그것을 준비해서 주신다면서요. 어떻게 그런 생각을 하시는지 참으로 특별한 분 같습니다.

백인계 자식 입에 밥이 들어갈 때 흐뭇해하는 부모의 마음이겠지요. 어제도 지인이 농사지은 것이라고 거봉을 주고 가셨는데, 그것을 보는 순간 누군가의 얼굴이 떠올랐습니다. 오갈 데 없는 분이 계셔서 방을 얻어드렸는데, 갑자기 그분 생각이 났습니다. 아무것도 못 사드실 것 같아서 그분에게 거봉을 가져다드렸습니다. 제가 먹어도 좋지만 그것을 드시고 마음에 위안이 되는 분이 계시다면 그분께 드리는 것이 더 큰 기쁨이거든요. 봉사의 진정한 의미가 그런 것이 아닐까 싶어요.

정일균 그렇게 많은 시간을 누군가에게 베풀고 사셨는데, 정작 회장님 자신에게는 어떠신지요?

백인계 저 자신에게는 굉장히 인색합니다. 웬만해서는 제게는 돈을 쓰지 않습니다. 그런데 누가 장학금이 필요하다는 이야기를 들으면 주저 없이 선뜻 내놓게 됩니다. 우리 아들도 그런 이야기를 합니다. 아들이 주는 용돈까지 봉사로 내놓으신다고요. 그럴 때 저는 아들에게 이렇게 이야기합니다. "어차피 죽으면 아무것도 못 가져간다. 살아있을 때 나누는 것이 현명한 것"이라고요.

저는 벌써 봉사를 통해 많은 것을 받았습니다. 저의 도움으로 누군가의 삶이 따뜻해지는 것을 보는 것은 큰 보람이고, 또 실제로 현장에서 다양한 일들을 하니까 체력도 좋아졌습니다. 또래에 비해 젊어보인다는 소리를 듣는 비결도 바로 봉사 때문입니다.

정일균 봉사현장에서 몸을 써야 할 때가 많지요.

백인계 돈도 써야 하지만, 몸을 쓸 때도 많습니다. 10kg이나 되는 쌀이나 김치 같은 것들을 들고 집집마다 다니는 것은 여간 힘든 일이 아닙니다. 그러나 제게는 그것이 좋은 운동입니다. 평소에 우리 회원들에게 불평할 것 같으면 하지 말라고 이야기합니다. 여태까지 한 공덕이 없어진다는 말도 함께 합니다. 힘들다고 짜증 내지 말고 즐겁게 하라는 의미입니다. 그래야 덕도 쌓이고, 건강도 쌓입니다.

정일균 참 대단하십니다. 코로나 19 때도 동산병원에 봉사를 가셨잖아요. 저도 그때 함께 했었는데, 회장님께서는 당시 몸살을 앓고 계셨는데도 봉사활동을 강행하셨습니다. 감염 위험에도 불구하고요. 그때 이야기를 좀 들려주십시요.

백인계 그때가 2월 18일이었어요. 그날 적십자로 봉사 의뢰가 들어왔습니다. 그래서 회원들과 회의를 했습니다. 엄중한 시기여서 다들 감염 우려 때문에 봉사 가는 것을 두려워했습니다. 그때 제가 "누군가는 해야 하는 일"이라고 했고, "나 혼자라도 갈 테니 뜻이 있는 분들은 봉사 일에 오라"고 했습니다.

그날부터 20일간 매일 봉사를 했습니다. 봉사 첫날에는 후원금도 없었고, 인력도 부족했습니다. 그래서 우리가 운전을 해서 환자 이송도 도왔습니다. 그러면서 급식 봉사도 계속 했습니다. 이후에 후원금이 들어오면서 다른 분들에게 맡기고 저희들은 빠졌습니다.

후원이 시작되자 월드컵 경기장에 후원 물품이 엄청 많이 들어왔습니다. 그 물품 나눠주는 것도 저희가 하고, 그 일이 끝나면 119 구급대원들에 대한 밥 봉사도 매일 해서 20일간 봉사활동을 지속했습니다.

정일균 그때 감염의 위험이 높았습니다. 회장님은 고령이시라 고위험군이셨는데, 당시 두려움은 없었습니까?

백인계 그런 두려움은 전혀 없었습니다. 저는 지금도 전쟁이 나면 전쟁터로 간다고 말합니다. 제게는 누군가는 해야 할 일이라면 제가 하겠다는 각오가 있습니다.

정일균 태안 기름 유출 현장, 수해나 폭설 피해 현장 등 국가적인 재난이 닥치면 어디든 달려가셨는데요. 후원금도 내셨고요. 여러 재난 현장에서 활동하시면서 인상 깊었던 장면을 떠올린다면 어떤 것이 있을까요?

백인계 올해도 노곡동에 수혜가 났는데, 수혜지역에서 그 많은 봉사단체들 마다하시고 저희 적십자 봉사단만 들어오라고 하셨어요. 대구 지하철 사고 때나 노곡동 산불 피해를 입었을 때 끝까지 남아서 봉사활동을 펼쳤던 단체가 적십자사 봉사단이라는 것을 아시고 저희에게 봉사활동 요청을 하신 거였어요. 그동안 저희 단체의 봉사활동들을 보시고 믿음이 생기신 것이죠. 그런 것들이 기억으로 남습니다.

정일균 재난이나 피해 현장을 찾아가시는 것이 쉽지 않았을 텐데, 돌이켜 보면 지역의 소외된 곳이나 재난 현장을 정말 많이 다니셨습니다. 그동안 다녀본 경험에 비춰볼 때 아직도 도움의 손길이 필요한 사각 지대가 있었는지요?

백인계 물론 아직도 도움이 필요한 분들은 많습니다. 대구시 행정에서 찾을 수 없는 사각지대가 많아요. 각 지역의 통장님들이 그런 사정을 제일 많이 아시는데, 그럼에도 불구하고 요즘은 이웃과 단절된 세상이라 놓치는 부분들이 많습니다. 특히 젊은이들의 단절이 심합니다.
그리고 어르신들을 위한 돌봄이나 지원도 지속되어야 하지만, 자라나는 꿈나무들에 대한 관심도 필요하다고 생각됩니다. 아이들을 위한 장학제도가 확대되었으면 하는 바람을 현장을 다니면서 하고 있습니다. 소년소녀 가장들도 분명히 있거든요. 아이들은 우리의 미래이기 때문에 잘 키워야 합니다. 복지관이나 쪽방촌 같은 데서 아이들을 위한 지원을 하고 있지만 더 많은 지원이 필요하다는 입장입니다.

정일균 회장님은 지역의 많은 곳을 다니시며 봉사활동을 하시기 때문에 공공복지시스템과 현실 사이의 괴리를 누구보다 잘 아십니다. 현실과 행정이 조화를 이루어야 하는데, 그렇지 못한 경우도 많이 경험하셨을 겁니다. 회장님이 현장에서 느끼시는 행정과 현장의 간극은 어떤 것이 있을까요?

백인계 현장에서 보면 당사자도 재산이 있고, 자녀들도 부자인데 무료복지혜택을 받는 분들이 분명히 계시거든요. 그렇지만 서류상에 본인 재산이 없다 보니 무료급식 대상자도 되고, 각종 혜택을 보는 분들도 보게 됩니다. 실질적으로는 저소득층이 아닌데 말이죠. 그런 것을 행정에서 찾아내야 실질적으로 어려운 사람들에게 혜택이 돌아가게 됩니다.

정일균 관할 행정에서는 단지 서류상으로만 판단하니 그런 현상이 더러 생기고 있습니다. 그렇다면 그런 사례들을 어떻게 골라낼 수 있을까요?

백인계 부정 수급자를 골라내야 하지만 인력문제나 다양한 이유로 현실은 어려움이 많습니다. 저는 사각지대에 계신 분들을 찾아내서 그분들이 지원을 받을 수 있도록 노력해야 한다는 입장입니다. 몸이 불편해서 스스로 이동을 하지 못하시는 분들은 경로당이나 복지관을 못 나오시거든요. 복지관의 무료급식도 중요하지만 이런 분들에 대한 무료급식 봉사도 반드시 필요하다고 생각합니다.

정일균 저도 그렇게 생각합니다. 앞으로는 결국 복지가 무조건 복지관에 나가거나, 요양원에 가는 방식보다 댁에 계시면서 지원 혜택을 받을 수 있는 정책들이 필요하다고 봅니다.

백인계 제가 몸이 불편한 어르신들을 대상으로 하는 방문봉사를 해보면 어르신이 제일 힘들어하시는 것이 대화 상대가 없다는 것입니다. 복지관을 다니시는 분들도 복지관이 쉬는 주말에는 혼자 계셔야 합니다. 그때 말동무가 없어 외로움을 타신다고 해요. 제가 주말에 방문해 보면 TV 보는 것도 지겹다며 저를 붙잡고 세상 돌아가는 이야기가 하고 싶다는 말씀을 하십니다.

정일균 저도 현장을 다녀보면 어르신들이 대화 상대가 없다는 현실을 힘들어하셨습니다. 정부나 지방자치단체 차원에서 몸이 불편해 댁에만 계시는 분들에 대한 케어 정책의 필요성을 느끼게 됩니다.

백인계 먹을 것을 지원하는 시대는 이제 지나갔습니다. 우리 사회도 이제는 못 먹고 사는 사회는 아니지 않습니까? 정말 필요한 것은 편찮으실 때 찾아가서 대화 상대가 되어주는 것입니다. 요즘 일부에서 그런 정책들을 펼치고 있지만 한계가 있는 것 같습니다. 사각지대에 놓인 분들은 혜택을 못 받으니까요. 제가 봤을 때는 지역의 통장님들이 그런 분들을 찾아내는 것이 제일 효율적인 것 같습니다.

정일균 아파트에서 생활하는 요즘은 통장님에게도 문을 열어주지 않습니다. 그렇기 때문에 통장들이 실태를 파악하는 것도 힘든 일인 것 같습니다.

백인계 요즘은 어르신들도 막상 찾아뵈려고 전화를 드리면 경계를 하시는 경우도 많습니다. 전화번호는 어떻게 알았느냐며 의심을 하시기도 합니다. 자신이 범죄의 대상이 되는 것은 아닌지 두려움을 느끼시는 것이죠. 복지관을 통해 전화를 드린다고 하고, 음식을 가져다드리면 그제야 "나한테까지 이런 지원이 오느냐"며 좋아하십니다. 어떤 경우에는 전화 통화가 되어도 믿지 못해서 필요 없다고 하시기도 합니다.

정일균 외톨이처럼 사는 청소년들도 많습니다. 그렇지만 행정에서 알 수가 없어 방치되고 있습니다.

백인계 제가 지원하는 학생이 있는데, 적십자 봉사단과 결연을 맺어 매달 10만 원씩 후원을 하고 있습니다. 그런데 문제는 자신이 후원대상자로 노출되는 것을 꺼립니다. 빵이나 우유를 지원하는 학생들은 자신이 후원대상자라는 것을 비밀로 해달라고 하기도 합니다. 그럴 때 저는 이런 이야기를 합니다. "학생이 지금은 도움을 받지만 나중에 잘 자라서 누군가에게 도움을 주며 갚으면 된다"라고요. 요즘은 재활용 쓰레기도 많이 나오잖아요. 그중에는 전집 같은 동화책들도 많습니다. 활용을 할 수 있으면 쓰레기가 되는 것을 막을 수가 있습니다. 이전에 제가 버려지는 책을 쪽방촌으로 연결해 준 적이 있습니다. 물론 쪽방촌에서 너무 좋아했습니다. 재활용도 되고, 필요한 곳에는 나눔도 되는 일석이조였죠. 문제는 연결인데, 그런 부분이 필요한 것 같습니다.

정일균 지원이 몰리는 쪽이 있고, 아예 사각지대로 있는 분들도 있다는 것이 문제인 것 같습니다.

백인계 김치 봉사를 해보면 그런 현실을 만나게 됩니다. 어떤 댁에는 네댓 곳에서 김장김치가 배달이 되고, 어떤 댁은 아예 못 받습니다. 그런 것들이 문제입니다. 물품 지원을 해보면 어르신들께 지원한 물품을 자녀들이 가져가는 경우도 봅니다. 그런 일들을 습관적으로 하는 사례도 보았습니다.

정일균 어르신이 받으신 후원 물품들을 자녀들이 가지고 간다는 말씀인가요?

백인계 이불이나 선풍기를 해마다 후원을 해도 막상 어르신들은 안 쓰십니다. 가서 보면 없어요. 그러고는 또 달라고 하십니다.

정일균 요즘은 다양한 민간봉사단체에서 후원을 하고 있습니다. 회장님 말씀대로라면 그때도 혜택을 받는 사람이 계속 받는다는 말씀이군요. 참 안타까운 이야기고, 저희 의회에서 새겨듣고 해결 방안을 찾아보겠지만 쉽지는 않을 것 같습니다. 문제의식을 가지고 계속 모니터링을 하며 해결책을 찾아야 하겠습니다.

백인계 현장을 다니는 봉사자들이 실태파악을 해야 합니다. 요즘은 봉사자들도 코로나 이후에 줄어들고 있는 실정입니다. 등록된 분들은 많지만 실질적으로 봉사에 참여하시는 분들은 줄어들고 있습니다. 전국적인 현상이죠. 나이 든 사람들은 자신의 경제활동에 신경 쓰려니 여력이 없고, 젊은 사람들은 봉사에 관심이 없습니다.
봉사라는 것이 시간이 나면 하는 것이라고 생각하면 안 됩니다. 내 시간을 빼서 하는 것이 진정한 봉사인데, 그게 잘 안 되고 있습니다. 금전 후원도 그렇습니다. 요새는 내 아이나 내 가족이 중심이 되다 보니 후원 문화도 점점 줄어들고 있습니다.

정일균　그럼 앞으로 봉사자가 점점 줄면 어떻게 해야 됩니까?

백인계　지금 그게 문제입니다. 경제가 어려우니 봉사자는 점점 더 줄어들고, 후원도 하는 사람만 하고 새로운 후원자가 나타나지를 않아요.

정일균　사회적인 분위기가 점점 각박해져 가는데 캠페인 같은 것을 통해 후원 문화를 활성화할 필요가 있는 것 같습니다.

백인계　그런데 이런 문제도 있습니다. 요즘은 내가 후원한 돈이 올바르게 쓰였는지에 대한 관심도 굉장히 높아졌습니다. 그런데 검사를 받는 기관은 많지가 않습니다. 신고만 하면 후원금을 다 받을 수 있는데 감사는 제대로 되지 않아 사용처에 대한 신뢰가 낮습니다. 적십자 봉사단 같은 경우 후원자들에게 우리는 국정감사를 받는다고 말씀을 드리면 안심하고 후원을 하십니다.

정일균　그러니까 후원금을 받기는 받는데 그게 어디로 쓰이는지는 알 수가 없다 이 말씀이잖아요.

백인계　후원하신 분이 내가 낸 금액이 잘 쓰이고 있는지 궁금해하시는 분들도 많습니다. 그러나 그것을 확인하는 것은 쉽지가 않습니다. 후원금을 부정하게 쓴 언론기사들을 접하면 더 불안해합니다.

정일균 후원금 사용의 투명성을 위한 정보 공유가 시급하군요.

백인계 공개를 해야 하는데 제일 어려운 게 또 그거 아닙니까?

정일균 사회적으로 그런 문화를 만들어 가야 하겠지요. 현장에서 그런 문제들을 목격하시지만 봉사에 대한 믿음은 변함이 없으신 거잖아요. 어떤 소신으로 계속해서 현장을 지키시는 겁니까?

백인계 우리는 소풍 왔듯이 이 세상에 왔다가 가는 인생이잖아요. 우리 조상들은 죽어서 이름을 남기라고 말씀하셨잖아요. 저는 그것을 생활신조로 봉사에 임하고 있습니다. 누가 알아주는 것보다 저 자신 제 이름에 떳떳하게 살다 가면 된다는 생각이죠. 그것이 제게는 봉사인 것 같습니다.
"칭찬을 받지는 못해도 욕먹을 짓은 안 해야 되겠다"라는 생각을 가지고 있습니다. 여러 단체에 속해서 일을 하면서도 단체에 누가 되면 안 된다는 생각을 항상 하고 있습니다. 저녁이면 항상 기도를 하는데, 기도를 하며 "오늘은 내가 올바른 행동을 했는지" 항상 점검합니다.

정일균 제가 다녀보면 회장님에 대한 평판은 정말 좋거든요. 그렇지만 가족들은 좀 다른 생각을 가질 수도 있을 것 같습니다. 회장님의 건강도 염려되고 할 것입니다. 자제분들의 반응은 어떻습니까?

백인계 우리 아이들은 "엄마가 집에 있으면 병이 나니까 봉사 활동을 많이 하시라"고 권합니다. 제가 봉사활동하며 즐겁게 사는 것을 알거든요.

정일균 정말로 그런 부분에서는 회장님을 본받고 싶습니다. 앞으로도 봉사는 계속하실 거잖아요.

백인계 건강이 허락되는 동안은 계속해야죠.

정일균 그러면 앞으로 봉사하시면서 목표나 포부 같은 것이 있을까요?

백인계 그런 건 없습니다. 하루하루 봉사 현장에서 사람들에게 조금이라도 도움이 되고, 또 그것을 통해 제가 즐거움을 느끼면 그것으로 만족합니다. 우리가 이 세상에 와서 즐겁게 살고, 남한테 욕 안 먹고, 누군가에게 조금이라도 도움이 되는 일을 하면 그것만 한 인생이 또 있겠습니까? 이 나이만큼 살아보니 비워야 채워진다는 것을 피부로 느낍니다. 제가 부자는 아니지만 저의 것을 비워서 또 다른 것들로 채워가고 싶습니다.

정일균 봉사의 삶을 살아오신 회장님의 인생을 들으면서 정말 큰 감명을 받았습니다. 고령이신데도 회장님의 열정은 여전히 청춘이시라는 것을 느꼈습니다. 앞으로도 건강한 모습으로 봉사와 나눔의 현장에서 회장님을 뵙기를 희망합니다.

긴 인터뷰 응해주셔서 감사하다는 말씀을 드리면서 인터뷰를 마무리하겠습니다.

손 찬

야시골협동조합 이사장
(사)한국마을기업중앙협회 회장
범어2동 희망나눔위원회 위원장
용문전기 대표

손찬 야시골협동조합 이사장을 처음 만난 것은 10여 년 전이다. 시원시원하고 호탕한 성격과 추진력은 그때나 지금이나 변함이 없다.

2025년 7월, 좋은 소식이 들려왔다. 그가 (사)한국마을기업중앙협회 회장에 취임했다는 것이다. 지역 주민들이 삼삼오오 모여 지역 자원을 활용해 수익 및 일자리를 창출하는 마을기업은 '마을'과 '공동체' 의식이 점차 사라져 가는 요즘, 지역의 정서적 공감대를 형성하는 동시에 지역 주민 간 협동과 신뢰를 바탕으로 하는 건강한 경제 주체로 주목받고 있다. 한국마을기업중앙협회는 이러한 마을기업의 중심에서, 정책연구부터 홍보, 지원·육성, 네트워크 구축 등 활성화를 위한 각종 사업을 펼쳐 오고 있다.

회장 취임 이후 더욱 눈코 뜰 새 없이 바쁘게 서울을 오가고 있다는 그는 "대체 내 자유가 없다"면서도 "사업을 하나씩 만들어 가고 문제를 해결해 나가며 큰 보람을 느낀다"며 10년 전처럼 여전히 호탕하게 웃었다.

정일균 회장님 안녕하십니까? 귀한 시간 내주셔서 감사합니다. 야시골협동조합은 언제, 어떤 목적으로 설립됐습니까?

손 찬 2015년부터 도시재생사업으로 범어야시골공원 가꾸기로 첫발을 내디뎠어요. 조그마한 동네 공원을 사람들이 찾아와서 즐길 수 있는 공간으로 만들어 보자 해서 개선 사업을 시작했던 것이 계기였고, 주민들이 함께 우리도 뭔가를 할 수 있다, 뭔가 해보자 하고 2017년 설립한 게 바로 야시골협동조합입니다.

정일균 그러면 도시재생사업으로 시작했다가 협동조합을 만들고, 나중에는 상품까지 판매하는 방식으로 확장된 거네요. 예전에는 야시골공원 이름이 범어시민공원이었던 걸로 기억하는데요, 이름이 바뀌는 데에도 야시골협동조합이 역할을 했었나요?

손 찬 네, 당시 많은 분들이 범어시민공원과 수성구민운동장 인근 범어공원을 헷갈려 했습니다. 주민들의 건의도 많고 해서 2019년도에 저희가 대구시에 개명 신청을 했죠. 야시골이라는 옛 명칭을 찾고, 공청회를 거친 뒤 주민 서명을 받아 개명하게 된 겁니다.

정일균 구민분들 중에는 야시골이 무슨 뜻이냐고 묻는 분들도 많이 계십니다. 어디서 유래했나요?

손 찬 옛날에 6·25 전쟁 이후에 여기가 공동묘지 터였던 것 같습니다. 그래서 묘지 근처에 여우가 많이 나타났다고, 여우의 경상도 사투리인 '야시'를 써서 야시골로 불렸다는 유래가 있더라고요.

정일균 진짜 그 '야시'를 말하는 거였네요. 재미있습니다. 그럼 현재 협동조합의 조합원은 몇 분이나 됩니까?

손 찬 2017년 설립 당시에는 34명이었다가, 더 참여하려는 분들이 많아서 지금은 42명이 함께하고 있습니다. 조합원들 모두 어떤 수익을 위해서 활동한다기보다는 봉사하는 마음으로 하는 분이 대부분입니다. 봉사단체에 계시는 분들이 한 절반 정도 되고, 개인으로서 한번 뜻있는 일을 같이 해보자 해서 참여하는 분들도 있습니다.

정일균 초기에는 도시재생사업으로 시작했지만, 지금은 많은 사업을 펼치고 있으신데요. 가장 크게 달라진 점은 어떤 것이 있습니까?

손 찬 저희는 다른 협동조합과는 조금 다른 면이 있습니다. 조합원들에게 월급 형식으로 이익을 지급하는 것이 아니라, 수익의 일부를 조합원들이 나눠 갖는 형식이죠. 그런 부분이 어느 정도 정착이 돼서 잘 이어져 나가고 있는 것 같습니다. 다만 처음 조합을 시작할 때 평균 50대 중반쯤이었던 조합원들이 이제 60대, 70대로 넘어가고 있습니다. 고령화가 되다 보니 일하는 데 사실 힘든 점이 많고, 그런 점들이 애로사항으로 다가오고 있습니다.

정일균 아무래도 젊은 사람들이 이제 이런 일을 안 하려하니 젊은 층 유입하기가 굉장히 힘든 부분이 있겠네요.

손 찬 맞습니다. 요즘은 또 정년퇴직하고도 일을 구해서 이어가니 그냥 여기 와서 봉사를 하려고 잘 안 하죠. 그리고 이곳 범어2동 자체가 많이 고령화됐습니다. 아파트를 제외하고는 젊은 사람들이 거의 살지 않아요.

정일균 그렇군요. 지금은 상품 판매도 하시는데, 직접 만드시는 건가요, 아니면 조달을 하시는 겁니까?

손 찬 처음에는 우리가 로컬푸드로 시작했었는데, 아시다시피 로컬푸드는 반경 5km 안에 나는 농산물을 소비자한테 공급하는 걸 목적으로 합니다. 여기는 반경 5km 안에 농사짓는 곳이 많지 않아요. 그래서 이제 제철 농산물을 주문 받아 직거래로 판매를 하고, 또 김이나 미역, 다시마 같은 상품은 완도나 기장에서 좋은 품질을 도매로 가져와 소비자들에게 저렴하게 공급합니다.
주 종목은 보시다시피 젓갈인데요, 멸치가 가장 알이 많이 차는 6월 중순경에 부산 기장에서 멸치를 구매해 우리가 직접 여기서 젓갈을 담급니다. 그렇게 해서 바로 파는 게 아니라, 1년 이상 숙성을 시켜 2, 3년 차 될 때 젓갈로 팔기도 하고 액젓으로 팔기도 하죠.

정일균 직접 담그고 숙성까지 해서 판매하시는 거군요.

손 찬 시중에서 판매되는 멸치 젓갈을 보면 다른 잡고기 젓갈과 섞어서 판매를 하기도 합니다. 우리는 수익만을 바라는 개인 사업이 아니니 그럴 필요가 없죠. 그래서 원액 그대로 담고, 소금도 수입이 아니라 간수를 뺀 건강한 소금을 씁니다. 가급적이면 주민들에게 건강에 해롭지 않고, 저렴한 가격에 공급하고자 용기도 별도로 제작해서 제품을 생산해 내고 있어요.

정일균 그럼 이 제품들은 야시골협동조합이라는 브랜드를 갖고 판매되는 건가요? 판매 루트는 어떻게 됩니까?

손 찬 네, 우리가 판매한 지 7년이 넘다 보니, 이제는 소문이 엄청 많이 나서 달리 홍보를 안 해도 잘 팔리고 있습니다. 아시다시피 젓갈이 제일 잘 팔리는 철이 김장철이잖아요? 지난해에는 액젓을 펀딩 형식으로 판매했는데, 너무 많은 주문이 들어와서 조기에 주문을 마감한 적도 있어요. 그때는 물량이 많지 않아서 그랬는데, 이번에는 업체와 상의해서 제대로 준비하려고 합니다.

정일균 펀딩을 어떤 형태로 하시는 건가요?

손 찬 와디즈라는 플랫폼을 통해 주문을 받아서, 주문 갯수가 쭉 들어오면 그걸 한 번에 일괄적으로 다 보내는 겁니다. 100병이든 1000병이든 주문을 받고, 일주일 안에 싹 발송하는 시스템이죠. 또 쇼핑몰에도 내놓았는데 아직은 철이 아니라서 많이 나가고 있진 않습니다.
아, 헌데 공장 등록이 안 된다는 게 단점입니다. 우리가 직접 담그고 팔고, 성분 분석해서 우수 제품이라는 인증까지 다 받아냈는데도 공장 등록이 안 되니 도매로 공급을 못 하는 거예요.

정일균 공장 등록이 안 되다니요?

손 찬 공간이 공장 등록하기에 조건이 충분치 않아요. 주민들이 또 30만 원씩 출자해서 설립했다 보니 공장 지을 만한 경제적인 능력도 없습니다. 누군가 투자를 해야 하지만 다들 나이도 많고 선뜻 하기가 어렵죠.

정일균 그런 애로사항이 있군요. 조합원들에게 수익은 좀 돌아가는가요?

손 찬 그렇지는 않습니다. 우리가 지역 축제나 장터에 많이 참여를 하는데, 거기에서 수익금이 난 부분은 그 행사에 참여해서 고생한 이들에게만 일부 배분하고, 또 판매 수익금은 설, 추석 명절 때 조합원들에게 배분해 지급하고 있습니다.

정일균 혹시 구청이나 관에서 판매를 도와주는 부분은 없습니까?

손 찬 저희가 고향사랑기부제 이런 데에도 제품을 내놓아 봤는데, 젓갈 제품이라 그런지 크게 반응이 없었습니다. 대구에 사회적경제 종합유통채널 '무한상사'라고 있는데, 공공기관을 대상으로 하는 지역제품 공공구매 플랫폼입니다. 그쪽을 통해서도 해봤는데 사실 순수하게 좋은 재료만을 넣어서 직접 생산하고 저렴하게 판매하는 우리는 가격 경쟁력이 조금 떨어지더라고요.

정일균 평소 이사장님 활동을 보면 무료 도시락 나눔도 하고 지역에서 봉사도 많이 하시는데요, 그런 데에 소요되는 비용은 어디서 조달하시나요?

손 찬 원래 조합 설립 당시 수익금의 30~40%는 지역 봉사하는 데 쓰게끔 돼있었습니다. 그래서 수익금의 상당 부분을 어려운 이웃을 돕는 데 쓰고, 가끔 어르신들을 위한 경로 잔치도 엽니다. 겨울에는 김장을 100포기 넘게 직접 담가서 저소득층에게 나누기도 하죠.

정일균 지역에서 참 좋은 일을 많이 하십니다. 혹시 젓갈 외에 다른 상품도 생각하고 있으신가요?

손 찬 아까도 말씀드렸지만 우리 야시골협동조합이 고령화가 되다 보니 그런 부분들이 엄청 악재로 지금 작용하고 있어요. 새로운 뭔가를 하려 해도 조합원들이 차츰 아프기도 하고 그러니, 해보겠다는 의욕을 갖기가 상당히 힘든 상황입니다. 일단은 행사가 있으면 음식 부스를 맡아서 비빔밥을 만들거나 어묵, 부추전, 떡볶이 같은 음식을 만들기도 해요. 평이 좋은 편이고, 수익도 생각보다 괜찮더라고요.

정일균 그런 부스에 참여하려면 경쟁이 심하지 않나요?

손 찬 우리 야시골 같은 경우 대구시나 수성구에서 하는 사회적경제행사에는 거의 다 참여할 수 있어요. 그리고 음식 가격이 저렴하다 보니 계속 섭외가 들어오는 것 같습니다. 최근에는 경북대학교 수의대학 앞 주차장에서 분식을 판매했는데, 마칠 때쯤에 그냥 학생들한테 떡볶이, 어묵 다 가져다 먹으라고 했죠. 돈도 많이 없을 텐데. 그랬더니 순식간에 동이 났어요. 학생들도, 주최 측도 다 좋아하더라고요.

정일균 어려운 상황 속에서도 할 수 있는 부분을 잘 찾아서 이끌어 나가시는 것 같습니다. 또 올 7월부터 이사장님께서 (사)한국마을기업중앙협회 회장에 취임하셨습니다. 축하드립니다. 한국마을기업중앙협회에 대해 좀 알려주시면 좋겠습니다.

손 찬 네, 협회는 전국 5만여 개 마을기업을 대표하는 조직입니다. 지역경제 활성화와 주민참여형 사회적경제 실현을 목표로 다양한 지원사업과 정책 활동을 이어가고 있고요, 2012년에 17개 시·도에서 모여 설립했습니다. 기존에 마을기업에 선정이 되면 행정안전부로부터 1차로

5,000만 원의 보조금을 받았습니다. 근데 이 5,000만 원은 시설 투자에만 국한되고, 인건비로는 지출을 할 수 없게끔 돼있었어요. 그러니 운영하는 데 애로가 참 많았죠. 그래서 기업들이 협회를 결성해서, 이듬해부터 마을기업 기본법 제정을 위해 힘을 썼습니다. 하지만 번번이 국회 법사위 문턱을 넘지 못하다가, 전임 회장님이 2024년에 상당한 노력을 기울여서 국회에서 간담회와 토론회, 공청회를 거친 끝에 올 7월 23일 통과하게 됐죠.

정일균 그럼 법 시행이 언제부터 되는 겁니까?

손 찬 2026년 8월부터 시행이 됩니다. 사실 준비 과정에 정부와 협회 사이에 상당한 마찰이 계속되고 있습니다. 전국에 우리 마을기업이 1,870개 정도 있는데, 구성원 80% 이상이 60대 이상입니다. 그렇다 보니 판매하는 데 있어 온라인쪽 접근이 어려워요. 시·도마다 사무장 등 그런 부분을 도와줄 수 있는 인력이 필요하기 때문에, 인건비를 지원해 줄 것을 협회에서 강력하게 요구하고 있습니다. 행안부에서는 인건비를 지원하지 않는다는 종전 지침에만 근거를 두는데, 이제 이게 법으로 제정되는 것이니 잘못하면 마을기업인을 위한 것이 아니라 오히려 족쇄가 될 수도 있다는 생각을 많이 하거든요. 그래서 이왕 만드는 걸 잘 다듬어서 하려고 발빠르게 움직이고 있습니다.

정일균 그 기본법 안에 구체적인 지원 내용 같은 게 안 들어가 있다는 말씀이십니까?

손 찬 네, 그게 없으니 시행령에 집어넣어야 하는 거죠. 구체적인 것은 명시가 안 돼 있고, 법 제정만이 우선인 것처럼 다 두루뭉술하게 해놨어요. 그러다 보니 마을기업들은 반발하고 행안부에서는 난색을 표하는데, 의원들과도 많은 논의를 하고 있습니다. 말씀드렸듯이 온라인쪽으로 접근하려면 컴퓨터도 잘 써야 하고 재빠르게 움직이는 사람이 있어줘야 하거든요. 저도 그렇고 고령화가 되니 정산서류를 만드는 것도 힘듭니다. 결국 이런 문제를 해결할 수 있는 지원법의 기본이 인건비 지원인데, 그 부분이 쏙 빠져있으면 안 되죠.

정일균 꼭 그 부분이 반영됐으면 합니다. 아까 전국 마을기업이 1,870개 정도 된다고 하셨는데, 고르게 분산돼 있나요?

손 찬 물론 수도권쪽이 좀 더 많겠지만, 비교적 전국에 골고루 분포돼 있습니다. 왜냐하면 행안부에서 마을기업을 지정할 때 시·도 인구에 비례해서 그 수를 배분하거든요.

정일균 그럼 대구는 몇 곳 정도 있습니까?

손 찬 대구는 회원사가 99개 정도 됩니다. 이 중에는 실질적으로 활발하게 활동하는 곳이 70곳, 유명무실한 곳이 20곳 정도입니다. 마을기업도 법인이니 폐지를 하는 데 비용이 들어요. 그러니 그냥 놔둬버리는 거죠.

정일균 마을기업중앙협회 차원에서 활동하는 사업들도 있습니까?

손 찬 협회에서 큰 사업을 하진 않습니다. 행안부에서 각 시·도로 마을기업 예산을 내려주고, 그 시·도마다 마을기업을 지원하는 중간 기관들이 있어요. 거기에서 예산을 배분하거나 지원 사업을 펼치죠. 그래서 이번에 제가 회장을 맡으면서, 행안부에 우리 협회가 운용할 수 있는 예산을 편성해 달라고 건의도 했습니다. 협회에서도 마을기업들 지원이 잘 진행되고 있는지 관리하고, 중간 지원기관과도 연계해서 골고루 배분할 수 있도록 해보려 합니다. 또 회원사들 교육이 굉장히 중요해요. 지금은 1년에 한 번 선진지 견학 등으로 끝내버리니, 이후에 영향이나 성과 등이 잘 파악이 안됩니다. 협회 차원에서 교육을 통해 좀 더 실효성 있는 방향으로 교육할 수 있게끔 하려 합니다.

정일균 회장님 그러면 협회를 운영하는 재정은 어떻게 마련됩니까? 회비를 받는 건가요?

손 찬 네, 현재는 각 시·도 회원사들에게 회비를 받는 구조고, 회장과 부회장의 분담금이 또 있습니다. 원래는 마을기업 운영 자금이 있었어요. 신규 마을기업에 지정되면 협회에 가입비를 30만 원을 냅니다. 그걸 소속 시 · 도 지회에 20만 원 주고 10만 원은 협회 경비로 써서 그땐 자금이 넉넉했죠.

하지만 신규 마을기업들로부터 가입비를 왜 받냐는 불만도 제기됐고, 이전에 회장 했던 어떤 분이 돈을 잘못 유용해서 말썽이 생기기도 했습니다. 그래서 지금은 가입비를 아예 없애버렸어요. 대구의 경우 회원사가 회비를 연 20만 원씩 내서 그걸로 운영하긴 하는데, 마을기업 중 70% 정도만 가입하고 있어요.

정일균 어려운 시기에 회장을 맡으셔서 앞으로 여러 많은 일을 하셔야 할 것 같습니다. 제가 봤을 땐 정부의 지원을 받는 게 가장 중요할 것 같습니다. 앞으로 협회가 나아가야 할 방향은 어떻게 보십니까?

손 찬 네, 아까 말씀드렸듯이 마을기업 회원사들의 역량을 강화하는 데 힘을 좀 쓰고 싶습니다. 선진지 견학을 가거나 외부 강사를 통해 운영 컨설팅을 받을 수 있도록, 정부에 요청을 하고 있습니다만 반응이 냉랭한 편이죠. 그들은 시 · 도마다 예산을 내려보내고 있으니, 시 · 도에서 자체적으로 진행하면 된다는 생각이에요.

하지만 시 · 도 중간기관에서 하는 게 틀에 박혀있고 한계가 있으니, 마을기업이 필요한 부분과는 맞지 않는 경우도 많습니다. 다행스럽게도 대구는 전국에서 제일 잘 운영되고 있다는 평입니다. 중간지원기관에서 우리가 요청을 하면 거의 다 들어주는 편이고, 인터넷 쇼핑몰 접근 교육이나 무한상사 공동 구매교육 등 역량 강화가 필요하다고 건의하면 거의 다 지원해 줍니다.

문제는 우리가 전부 나이가 많다 보니 빨리 캐치를 못 하는 거죠. 특히 대구에서는 공공구매 쪽에 무한상사가 활발하게 활동하고 있고, 연매출도 100억 원이 넘을 정도인데 거기에 접근하기가 쉽지 않더라고요. 그런 부분을 협회에서 교육하고 도와주고, 또 현재 마을기업의 실태를 파악해서 정책적으로 어떻게 도울지 고민해야 하는데 쉽지가 않습니다.

정일균 네. 결국 중앙회가 시·도별 지원기관보다 정부를 상대하고, 보다 회원들의 피부에 와닿는 지원을 많이 만들려면 협회의 권한이 크게 강화돼야겠네요. 그래야 전국 회원사들에게 혜택이 돌아갈 거고요. 그 역할을 회장님께서 잘 찾아내셔야겠습니다. 숙제가 많으시네요. 마을기업에 지정되려면 업종 제한 같은 게 있습니까?

손 찬 아니요, 업종은 전혀 관계 없습니다. 지역 자원을 활용하고, 5인 이상이 출자한 법인이어야 하는 그런 것만 충족하면 됩니다.

정일균 그럼 마을 기업으로 등록했을 때 어떤 혜택이나 장점이 있을까요?

손 찬 지금 마을기업에 도전하는 분들의 경우, 공동체 활동에 있어 시설을 갖춰야 하거든요. 마을기업에 선정되면 1차로 5,000만 원, 2차로 3,000만 원, 3차로 2,000만 원, 그다음 예비 마을기업비 1,000만 원을 또 지원해 주고, 활발하게 활동했을 때 또 우수 마을기업에 추가로 지원을 합니다. 하지만 그게 전부 시설에만 투자를 하게끔 돼있으니, 먼저 시설에 투자해서 운영하다 인력이 점점 늘어나는 마을기업들은 상당히 애로가 많은거죠. 청년 일자리 사업으로 해서 인건비를 지원해 주는 제도가 있긴 했는데, 2년 동안만 일부를 지원해 주고 4대보험과 퇴직금, 이후의 장기 고용 비용은 고스란히 업체가 떠안는 거였어요. 2년 지나고 나서 감당이 안 되니 도산하는 기업들도 많았습니다. 반면 사회적기업은 시설 투자는 안 되고 인건비에 지원을 해줍니다. 그러다 보니 사회적기업은 대체로 젊은 분들이 활발하게 운영해 왔는데, 전 정권에서 지원금을 싹 다 잘랐어요. 그때 사회적기업들이 못 살아남고 도산한 곳들도 많습니다.

정일균 인건비를 지원할 경우 부정 수급 같은 것도 나타나지 않나요?

손 찬 사실 시민들이 사회적기업이니 마을기업이니 하는 것에 대해 잘 모릅니다. 그러면서 정부 돈 받아서 자기들끼리 잘 먹고 나눠 쓴다며 비꼬는 분들도 계시는데, 그렇지 않거든요. 정말 철두철미하게 정산을 합니다. 나라

도움' 시스템을 통해서 우리가 물품 구매하는 업체의 사업 자등록증부터 통장 사본 등 다 서류를 갖춰야 하고, 나라 도움 통해서 바로 거래처 통장으로 금액이 들어가는 시스템이라, 보조금 통장은 우리가 돈 한 푼 손댈 수 없는 통장입니다. 그렇기 때문에 우리가 그 돈을 받아서 진짜 라면 한 그릇도 사먹을 수가 없어요.

하지만 잘 모르는 분들은 너네가 다 유용하지 않냐고도 말씀하시죠. 다만 가끔 마을기업에서 부정 수급을 하는 경우가 생기기도 하는데, 부가세 부분입니다. 기업에서 부가세를 부담하라고 하니 그걸 아끼려고, 물품에 부가세를 포함해 결제한 뒤 나중에 부가세를 돌려받는 등의 방식으로 부정 수급을 했던 행위가 한 때 많아서, 그걸 몇 배로 배상했던 마을기업도 있습니다.

그래서 신규 마을기업이 지정되면 늘 가장 먼저 하는 얘기가 그겁니다. 나중에 다 밝혀지게 돼있으니 절대 수 쓰지 말라고요. 그런 부분을 제외하면 마을기업들이 가장 깨끗하게 보조금을 쓰고 있습니다.

정일균 결국 정부가 사회적기업, 마을기업을 권장하며 만들었었는데 회장님 말대로 보조금만 노리는 것이 아니냐는 시민들의 인식이 강한 것 같습니다. 앞으로 그런 인식을 불식시킬 수 있는 홍보도 굉장히 중요할 것 같습니다. 그리고 회장님이 상당히 많은 일을 맡고 계세요. 희망나눔위원장도 하시고 개인 사업도 하시고요. 공동체 활동을 참 많이 하시는데, 언제부터 이렇게 관심을 갖고 시작하셨습니까?

손 찬 40대에 자율방범대 봉사를 하며 시작했던 것 같습니다. 범어2동 방범대장, 수성구 자율방범대 연합회장도 맡고 하다 보니 공동체 의식이 좀 더 살아난 것 같습니다. 또 개인적으로 전기공사업을 운영하며 내가 먹고 살 수 있는 수입이 있으니 봉사활동하는 데 큰 애로는 없어요. 여기 협동조합에서 내 급여를 가져가야만 하는 입장이면 절대로 이렇게 못 하겠죠. 내 수입이 별도로 있고 욕심이 없다 보니 투명하게 운영해 나갈 수 있는 것 같습니다.

솔직히 조합 행사가 있을 때는 내 일에 사람을 붙여서 일을 시켜놓고 정작 저는 행사에 와서 마당쇠 역할만 하기도 합니다. 그러면 사실 그게 개인적으로 보면 비용도 쓰고 내 몸도 고생하는 마이너스거든요. 그렇지만 공동체라는 것이 수익만 보고 하는 것이 아니고, 지역에 공헌한다는 보람과 기쁨이 크기에 이 일을 해나갈 수 있는 것 같습니다.

정일균 시간을 봉사활동 하는 데에 너무 많이 뺏기다 보면 원래 하시는 업의 수익이 줄 수도 있는 거 아닌가요?

손 찬 사실 많이 줄죠. 그래도 이제 나이도 있어서 몸을 생각해서라도 일을 좀 줄이려고 하고요. 사실 전기공사업도 어려운 후배들이 많습니다. 그들에게 일을 좀 나눠주고 같이 공생하려는 거죠.

정일균 무엇보다도 건강을 잘 챙기십시오. 앞으로의 계획에 대해 말씀 부탁드립니다.

손 찬 이번에 마을기업중앙협회 회장을 맡은 이후로 업무가 너무 많습니다. 전국구로 다녀야 하다 보니 소화하기 힘들 정도로 일이 많더라고요. 그래서 분과를 나눠서 일을 좀 분담하고 나니 이제 조금 여유가 생긴 것 같습니다.
봉사활동을 정말 오래 했는데, 이번 회장 일이 끝나고 나면 이제 진짜 마을기업도 그만하고 그냥 내가 좋아하는 산에 다니면서 집사람과 좀 편안하게 삶을 즐겼으면 좋겠어요. 지금은 내 자유가 없을 정도로 일이 바쁘지만, 이 나이에도 마을기업의 발전을 위해 또 열심히 다니는 게 한편으로는 보람차기도 합니다.

정일균 네, 회장님. 지금 맡으신 일들 건강하게 잘 해결해 나가고, 또 조합과 협회가 많이 발전할 수 있길 기원하겠습니다. 오늘 인터뷰해 주셔서 감사합니다.

손 찬 네, 열심히 하겠습니다. 고생하셨습니다.

신홍식

시인
대구사회복지공동모금회 회장
대구글로벌 메세나협회 회장
대구 아너소사이어티 기부자
아트 빌리지 대표
前 대구 포크페스티벌 조직위원장

도시에는 드러나지 않지만 도시를 아름답게 만드는 빛을 닮은 사람들이 있다. 누군가는 그 빛을 문화라는 형태로 길 위에 놓고, 또 누군가는 그 빛을 사람들의 마음에 건네며 도시 전체를 조금 더 따뜻하게 덥힌다.

대구라는 도시에서 그러한 빛을 오래도록 지켜온 사람이 바로 신홍식 대구글로벌메세나협회 회장이다. 그는 대구글로벌메세나협회와 대구사회복지공동모금회의 수장을 맡고, 예술과 나눔이라는 두 개의 다른 강을 한 물줄기로 잇고 있다. 그의 행보는 '함께 사는 도시'가 어떤 얼굴을 가져야 하는지에 대한 조용한 화답처럼 보인다.

그의 손끝에서 흘러나온 마음들은 문화예술 현장에 푸르름을 더하고, 도움이 필요한 이웃에게는 작은 등불이 되고 있다. 그러나 그의 보폭은 그 두 분야만을 담기에는 부족해 보인다. 그는 지역의 아동문학 거장 김성도를 기리는 기념사업회의 회장과 계간 아동문학지 '동시발전소'의 발행인으로 활동하며 또 다른 세계를 열고 있다. 아이들의 상상력이라는 미래의 숲, 문학이라는 보드라운 흙을 가꾸는 일, 그는 그곳에서도 쉼 없이 마음을 건넨다.

이번 인터뷰는 그가 걸어온 길을 따라, 도시를 비추는 그의 빛과 마음의 결을 더 깊이 들여다보는 여정이 될 것이다. 그의 이야기를 통해 우리는 한 사람이 어떻게 여러 갈래의 물길을 하나의 흐름으로 모아, 지역의 내일을 다르게 만들어 가는지 비로소 깨닫게 된다.

정일균 현재 맡고 계신 다양한 일 중에서 글로벌메세나 협회 사회복지 공동모금회 회장의 역할이 눈에 띕니다.

신홍식 지역의 문화예술발전에 조금이라도 기여하고 싶은 바람으로 3년 전에 대구글로벌메세나협회를 창립하였습니다. 문화예술은 현재 제가 역점을 기울이는 분야이기도 합니다.

정일균 회장님의 문화 예술 분야에 대한 관심은 후원으로 이어지고 있습니다. 특별하게 문화 예술 분야에 후원하게 된 계기가 있었습니까?

신홍식 제가 사업을 20년 정도 하다 뜻한 바가 있어 사업을 정리하고 어린 시절부터 하고 싶었던 그림이나 문학에 관심을 기울이게 됐습니다. 그림도 수집하고, 예술인들과의 친목도 다졌습니다. 그런 과정 속에서 예술가들의 열악

한 환경을 보게 되었습니다. 미술 작가가 작업할 공간이 없었습니다. 그것이 제게는 충격이었습니다. 그 당시에 제가 공장을 정리했을 때입니다. 그때 비어있는 공장을 작가들의 작업실로 활용하면 좋겠다는 아이디어를 냈습니다.

정일균 예술가의 공간지원 사업이 회장님의 공장에 국한된 것은 아닌 걸로 알고 있습니다.

신홍식 공장이라는 것이 판넬로 지어졌다 보니 여름이면 무덥고, 겨울이면 춥다는 문제점이 있었습니다. 그래서 좀 더 좋은 공간이 없을까를 고민하다 성안오피스텔 16층 전 공간을 구입하게 되었습니다. 작가들의 작업실로 활용할 목적이었습니다. '아트빌리지' 라는 이름으로 16층 전 공간을 작가들의 작업실로 후원한 지도 벌써 20년 정도 됩니다.

정일균 아동문학가로 등단도 하셨지요? 평생을 사업에만 몰두하셨는데 평소 문학에도 관심이 있으셨습니까?

신홍식 저는 늘 문학에 관심을 두고 있었습니다. 그러나 사업하는 동안에는 사업에만 전념하느라 문학의 꿈을 펼칠 생각은 못했습니다. 그러다 사업을 마무리하고, 지역의 문학가나 미술작가, 음악인들과 교류를 하게 되면서 문학에 대한 열망이 커졌고, 그것을 계기로 7년 전에 아동문학가로 등단을 했습니다. 지금은 '동시발전소' 라는 계간지의 발행인까지 맡고 있습니다.

정일균 회장님은 고액기부자모임인 아너 소사이어티 회원이기도 합니다. 금전을 통한 소외계층 후원을 실천하고 계십니다. 그뿐만이 아닙니다. 쌀 나눔이나 문화예술 분야 후원도 병행하십니다. 제가 아는 것만 해도 이 정도인데, 평소의 활동력을 보면 더 많은 봉사를 하고 계실 것으로 유추가 됩니다. 실상은 어떤가요?

신홍식 이런 질문을 받을 때마다 조금은 쑥스럽습니다. 평소에 "사업이 잘되면 사회의 그늘진 곳에 도움이 되었으면 좋겠다"는 생각을 하고는 있었습니다. 그런데 저의 노력도 있었지만, 운도 좋아서 사업이 궤도에 올라 안정이 되었습니다. 그때부터 봉사에 눈을 돌렸습니다. 도움이 필요한 곳을 찾아가거나, 금전적인 도움을 드리거나 하는 등의 봉사부터 시작했었습니다.

정일균 회장님의 봉사에 대한 관심은 국내를 넘어서고 있습니다. 해외에 거주하는 독립운동가의 후손을 돕는 일도 시작하셨습니다. 독립운동하다 고국으로 돌아오지 못한 동포들을 위한 도움의 손길을 내민 것으로 알고 있습니다.

신홍식 일제 강점기 때 독립운동을 위해서나 일본 치하를 피하기 위해 당시 소련으로 떠난 동포들이 계십니다. 그분들이 고국과의 교류를 할 수가 없었습니다. 그런데 우리나라와 소련과의 국교정상화가 되면서 고국으로 돌아올 수 있는 길이 열렸습니다. 제가 신문 기사를 통해 고국으로 돌아오신 러시아(구 소련) 동포들의 소식을 들었습니다. 경북 고령의 한 요양원에서 생활하신다는 것을 알게 되었고, 도움을 드릴 수 있는 방법이 없을까를 고민했습니다.

정일균 귀환한 러시아 동포들을 돕겠다고 생각하신 구체적인 계기는 있었는지요?

신홍식 고국에는 돌아왔지만 가족들과 떨어져 지내다 보니, 명절이 되면 더 외로우실 것이라는 생각을 가장 먼저 했습니다. 그래서 추석에 큰아들과 함께 고령의 양로원을 찾아갔습니다. 그때 저희 아들이 초등학교 2학년이었습니다. 아들과 함께 양로원을 방문하며 느낀 바가 많았습니다. 그것이 계기가 되어 사회봉사 활동을 시작하게 되었습니다. 그때부터 귀환한 어르신들에게 쌀 한 가마니와 일정 금액을 정기적으로 후원하고 있습니다.

정일균 귀환한 러시아 동포들을 돕는 것이 회장님의 봉사 활동을 촉발한 계기였군요. 이후 어떤 활동들이 이어졌는지요?

신홍식 IMF 구제금융 때 구청에 찾아갔습니다. 지역에 힘든 사람들에게 도움이 되고 싶은 마음이었습니다. 그것을 시작으로 근 30년간 매달 805가구에 쌀을 지원하고 있습니다. 쌀 전달은 매달 제가 직접 하고 있습니다.

정일균 정말 대단하십니다. 지금은 봉사와 후원이 회장님 삶의 중심이 되고 있습니다. 지금까지 수많은 봉사활동을 하시면서 특별히 보람을 느낀 순간이나 기억에 남는 사례가 있으신지요?

신홍식 미술 작가들에게 작업실을 제공한 것이 큰 보람으로 남습니다. 제가 지금까지 공간을 후원한 작가가 여러 명이 됩니다. 그중에서 장이규라는 화백도 계시는데, 그분이 성안오피스텔 작업실에서 작업하던 중에 지역의 미술대학 교수로 초빙되는 경사가 있었습니다. 그분은 미술대학 학장까지 하시고, 3년 전에 정년퇴직을 하셨습니다. 미술대학 교수가 되는 것은 정말 힘든 일인데 저희 '아트빌리지' 출신 작가가 그런 자리에 가서서 후학을 양성하며 대구미술발전을 위해 역할을 하셨다는 것은 저에게도 큰 보람으로 남습니다.

정일균 미술 작가들에게 작업실을 후원하는 '아트빌리지' 사업은 언제부터 시작되었습니까?

신홍식 정확한 연도는 기억이 나지 않지만, 공장부터 시작해서 성안오피스텔까지 합하면 20년 정도 됩니다.

정일균 무상으로 작업실을 제공한다는 것은 작가들에게는 큰 도움이 될 수밖에 없고, 그에 따라 경쟁도 치열할 것 같은데요. '아트빌리지' 사업을 거쳐가신 작가님들은 어떤 분들인가요?

신홍식 소나무 그림으로 일가를 이룬 장이규 화백과 하늘을 자신만의 미학으로 녹여내는 김윤종 작가, 제 후배인 김종대 작가가 떠오르네요. 지금은 장이규 작가님이 제일 연장자이십니다.

정일균 작가 선정 기준은 무엇입니까?

신홍식 작가 선정에서 공정성을 기하고 싶었습니다. 제가 생각한 기준은 나이였습니다. 저는 미술에 대해 조금밖에 모르고, 작가들의 성향도 모르니 연장자를 우선해야겠다는 쪽으로 작가 선정 기준을 두었습니다. 지금 가장 연장자는 장이규 화백입니다.

정일균 무상으로 작업실을 제공하는 것이니, 입주를 희망하는 작가들이 많을 것 같습니다. 입주 기간이 정해져 있습니까?

신홍식 작가의 사정으로 공간을 비우는 상황이 아니면, 한 번 입주하면 계속 공간을 지원하는 것을 원칙으로 하고 있습니다. 공간을 제공받아도 창작과 생계를 병행해야 하는 작가나, 그 마저 감당이 안 되어 그림을 접는 경우가 생깁니다. 그랬을 때 입주를 그만두게 되는데, 그때 새로운 입주 작가를 뽑게 됩니다.

정일균 IMF 때 작가님들의 상황도 더 힘들어져서 공간을 떠나는 작가님들이 생겨났고, 그때 공간이 많이 비었어도 임대를 놓지 않았다고 들었습니다. 그러기가 쉽지 않은데 공간을 비워두신 이유가 있으셨는지요?

신홍식 처음 '아트빌리지' 사업을 시작할 때 공간이 비어도 일반인에게 임대를 놓지 않겠다고 작가님들과 약속을 했었습니다. 그 약속을 지키기 위해 힘들어도 작가님들을 위해 공간을 비워놓았었습니다.

정일균 공실이어도 관리비나 부대비용은 발생하는데 그것까지 감수하신 거네요.

신홍식 공간을 제공하지만 관리비와 수도와 전기세는 작가님들이 부담해야 하는데, 공실이 되면 부담할 사람이 없

지 않습니까? 그때 3년 정도를 제가 한 달에 400여만 원의
비용을 부담했습니다.

정일균 3년 전부터 공간의 일부를 공동모금회에 후원한
다고 들었습니다.

신홍식 공동모금회 사무실 건물이 매각되었을 때, 성안
오피스텔 공간 다섯 곳이 공실이었고, 그것을 공동모금회
사무실로 후원을 했습니다. 임대료는 무상입니다. 공동모
금회가 국민들의 성금을 모아 운영하는 단체이다 보니 공
익사업에 속합니다. 어차피 좋은 일을 위한 공간이라는 생
각에 무상으로 후원하게 되었습니다.

정일균 개인적인 차원에서 다양한 후원사업을 하실 경우
제약이나 어려움이 많을 것 같습니다.

신홍식 저희가 메세나 사업을 중점으로 하고 있습니다.
기업들이 십시일반 모금을 해서 문화예술인들에게 후원하
는 사업입니다. 그런데 사실 시민들과 기업가들 모두 메세
나 사업이 무엇인지 잘 모릅니다. 이 사업은 중앙 정부와
의 매칭 사업으로, 올해 2억 원의 지원을 받았습니다. 지역
기업인들에게 2억 원을 후원받아 총 4억 원을 지원하고 있
습니다.
이런 사업을 시행할 때 어려운 점은 메세나 사업에 대한
인식 부족입니다. 문화예술에 대한 이해가 부족하다 보니

왜 지원해야 하는지부터 이해를 시켜드려야 하는데, 그런 부분이 어렵습니다. 유럽 같은 경우는 메세나의 역사가 오래되어 이미 시스템화가 된 반면에, 대한민국은 경제적으로 세계가 놀랄 정도로 성장했지만 그것에 비례해 문화예술에 대한 인식은 낮습니다. 그렇다고 우리나라가 문화예술의 수준까지 낮은 것은 아니지 않습니까? 5천 년의 유구한 역사 속에서 세계인을 감동시킬 수 있는 찬란한 문화유산들이 얼마나 많습니까? 요즘 K-문화가 세계를 집어삼키고 있는 것만 봐도 알 수 있지 않습니까?

지방자치단체의 인식도 아직은 낮은 것 같습니다. 경제 분야에 대한 관심은 높은데, 문화예술 분야에 대한 지원은 소홀해 보입니다. 아직은 인식이 낮지만 이럴 때일수록 뜻있는 기업인들이 조금씩 힘을 모아 분위기를 만들어 가야한다고 생각합니다.

정일균 미국의 경우는 기업이나 개인의 후원 문화가 정착되어 있습니다. 국내도 서울은 대구보다 상황이 훨씬 좋습니다. 지방은 서울에 비해 경제적인 여건이 열악하고, 이런 환경에서는 오히려 서울보다 지방의 메세나 운동이 더 활성화되어야 한다고 보는데요. 메세나 문화 정착을 위해서 지역의 시민단체 등에서 어떤 역할을 해야 할까요?

신홍식 제 개인적인 생각입니다만 국가의 문화가 발전하려면 대통령 이하 위정자들이 관심을 가져야 한다고 봅니다. 지방도 마찬가지입니다. 대구의 경우 대구 시장님이 관심을 가지고 진흥원을 중심으로 후원 문화를 활성화해야 합니다. 의원님도 아시다시피 올해나 작년의 경우 저희 메세나협회에 대구시의 지원이 없어 예술가 지원이 타 도시와 비교해 부족했습니다.

대구의 문화예술 발전을 위해서 선결되어야 하는 것은 지방자치단체 장이나 공공기관이나 여러 사회단체의 관심이라고 봅니다. 제 아무리 역량이 뛰어난 인재와 예술가들이 대구에 있다 해도 그들이 능력을 발휘할 무대가 없으면 아무 소용이 없는 것 아니겠습니까?

정일균 지방자치단체의 많은 지원이 필요하다는 말씀에 저도 충분히 공감합니다. 부산만 해도 문화예술 분야에 대한 관과 민간의 후원이 대구보다 훨씬 많습니다. 관의 지원만으로는 한계가 있기 때문에 기업이나 사회단체들의 후원도 절실한 것이겠지요. 정부와 지방자치단체, 민간의 후원이 선순환 구조를 이룰 때 메세나 운동은 성장할 수 있을 것입니다. 메세나협회 차원에서 캠페인이나 광고 등을 통해 분위기를 조성하는 역할을 해주셨으면 하는 바람도 가지게 됩니다.

신홍식 저희도 그런 인식을 가지고 대구의 모 은행과 메세나 사업을 같이 하려고 논의를 하고 있습니다. 문화예술 분야에 조금의 지원만 진행되어도 그 효과는 클 것으로 예상하고 있습니다. 작은 투자가 10~100배의 효과로 올 것이라고 확신하고 있습니다.

정일균 대구의 문화예술 현장을 누구보다 많이 다니시며 상황을 꿰뚫고 계실 것 같은데, 현재 대구시 차원의 문화예술 정책에서 아쉬운 점은 무엇이라고 생각하시는지요?

신홍식 제가 대구포크페스티벌에 3년 정도 일을 하고 있는데, 대구시의 지원이 아쉬울 때가 많습니다. 지하철역인 범어역 내에 조성된 전시공간도 시민들의 관심을 받지 못하는 것을 목격하게 됩니다. 제 생각에는 오히려 이런 공간들을 수익사업으로 전환해서 그 수익금을 예술가들에게 지원하는 방안이 더 효율적이 아닐까 하는 생각도 해보았습니다.

정일균 예술가들에게 실질적인 도움이 되는 공간운영에 대한 말씀이신 것 같습니다.

신홍식 그렇습니다. 문화공간으로 조성했더라도 활성화되지 못하고 시민들에게 외면받는다면 차라리 수익 창출 쪽으로 방향을 틀어 그 수익금을 지원하자는 것이죠.

정일균 그렇다면 민간에 위탁하면 수익을 낼 수 있다는 입장이신 건가요?

신홍식 유능한 민간 사업자를 찾고, 그들에게 공간운영을 일임해서 수익을 창출하는 방안을 고려해 볼 수 있습니다. 민간사업자는 우리 같은 메세나협회도 될 수 있을 것이고, 다양한 문화예술 관련 사회단체가 포함되겠지요. 그들이 내는 수익금을 예술인들에게 지원하면 사회단체도 성장하고 예술인들에게도 직접적인 혜택이 돌아가는 것이죠.

정일균 좋은 말씀을 해주셨는데, 예산 지원만 가지고는 한계가 있습니다. 후원도 후원이지만 수익 창출을 하고, 그것이 후원으로 연결되는 선순환 구조를 가질 필요가 있습니다. 그런 시스템이 만들어져야 안정적인 후원이 가능해지겠지요. 그렇다면 그런 환경 조성을 위해 회장님께서 좋은 아이디어를 주신다면 대구시 정책에 반영될 수 있도록 저희 의회에서도 노력을 해보겠습니다.

이번에는 아동문학가로 활동하시는 회장님의 근황으로 주제를 돌려보겠습니다. 회장님께서는 동요와 동시에 관심이 많으십니다. 어떤 활동들을 하고 계시는지요?

신홍식 제가 어릴 때만 해도 동요를 많이 불렀습니다. 그러나 지금 초등학생들을 보면 전혀 알아들을 수 없는 어른들의 노래를 하고 있습니다. 저는 그것이 아이들의 정서에 과연 좋겠는가 하는 생각을 하게 됩니다. 아동문학은 이런 환경에서 더욱 붐을 일으켜야 합니다. 대구는 사실 아동문학의 효시라고 할 만큼 일찍부터 아동문학이 발달한 지역입니다. 대구의 아동문학 역사가 70년 정도 됩니다. 아동문학가들 중에서 저보다 나이 많은 분들도 많습니다.

지역에는 아동문학 단체가 여섯 군데가 있는데 각자 활동하고 있고 협회를 만들지 못하고 있습니다. 그래서 올해

제가 아동협회를 하나 만들었습니다. 이제는 젊은 사람들이 주도해서 대구의 아동문학을 이끌어 가야 한다는 생각에서 회원의 나이는 60세 미만으로 정했습니다. 출범한 지 5개월 정도 됐는데, 100여 명의 회원들이 모였습니다.

협회의 출범은 향후 대구 아동문학의 미래를 희망적으로 하고 있습니다. 어린아이들이 건강하고 좋은 생각으로 자라야 우리의 미래도 밝을 것은 자명하지 않습니까? 저는 우선 잊혀가는 동요 동시 짓기 운동을 진행하며 대구 아동문학의 부흥을 시작했습니다.

계간지인 '동시발전소'에서 매년 신인 발굴을 주도하고 있습니다. 힘든 점도 많지만 막상 해보면서 보람을 느끼게 되고, 그것이 또 원동력으로 작용하여 이 일을 평생 해야 되겠다는 생각으로까지 연결되고 있습니다. 많은 분들이 좀 더 아동문학에 신경을 써주셨으면 합니다.

정일균 저도 같은 생각입니다. 요즘은 한참 문학 작품을 접하며 감수성과 인성을 다져야 하는 아이들이 인터넷이나 게임에 빠져있습니다. 아동문학의 재부흥은 아이들이 처한 환경적인 폐해들을 보안해 줄 수 있는 대안이 될 것입니다. 지난해입니까? 청라언덕에서 우리 가곡을 부르는 가곡제를 회장님이 사비를 들여서 개최했다고 들었습니다.

신홍식 프랑스 파리에 몽마르트 언덕이 있다면 대구에는 청라 언덕이 있습니다. 청라언덕은 대구의 역사이자 문화적 자산입니다. 저는 대구의 유산이자 문화적 가능성의 터

전인 청라언덕과 가곡이 결합하면 대구의 또 하나의 랜드마크가 될 수 있다고 생각합니다. 그래서 청라언덕에서 진행하는 가곡제를 개최했습니다. 물론 대구에는 대구시나 예술단체가 주최하는 축제가 많지만, 역사적인 장소와 문화예술의 접목은 그것과 다른 의미가 있습니다. 청라언덕은 박태준의 '동무생각'의 무대여서 더 의미가 있습니다. 올해 첫 번째 가곡제에는 오케스트라 50명과 성악가 8명이 함께해 아주 큰 호응을 받았습니다. 대구가곡제를 대구를 대표하는 축제로 만들어 볼 생각으로 부족한 부분은 보완하면서 매년 진행할 예정입니다.

정일균 대구가곡제에 대한 대구시 차원의 지원이 필요하시다면 무엇이 있을까요?

신홍식 지금까지의 관례로 보면 첫 해에는 구청이나 대구시의 지원이 어렵습니다. 성과를 장담할 수 없는 상황에서 지원한다는 것이 모험이라고 생각할 수도 있으니까요. 그래서 올해는 사비로 축제를 진행했지만 내년에는 대구시에서 가곡제에 직접 오셔서 참관해 보시고 가능성이 있다고 판단되시면 적극적으로 지원을 해주셨으면 합니다.

정일균 청라언덕이 중구에 소재해 있으니 중구청과 공동 개최하는 것도 좋은 아이디어가 될 것 같습니다.
지금까지 회장님께서는 대구의 문화예술 분야에 많은 관심을 가지시고, 후원도 지속해 주셨습니다. 마지막으로 대

구의 문화예술 현장을 지켜보시며 향후 발전방안을 논의
한다면 무엇인지에 대해서도 한말씀 부탁드립니다.

신홍식 문화예술 분야의 발전은 지방자치단체와 기업,
사회단체가 힘을 합쳐서 함께 가야 가능하다고 생각합니
다. 문화예술 분야는 하루아침에 변화가 크게 일어나지 않
습니다. 그보다는 서서히 다양한 분야의 인재들이 힘을 합
쳐서 이끌어 갈 때 조금씩 앞으로 나가가는 속성을 가지고
있습니다. 저는 시민들의 역할도 중요하다고 봅니다. 시민
들이 힘을 보태주셔야지 대구가 진정한 문화도시로 성장
할 수 있으니까요.

정일균 대구 시장님의 마인드도 중요하지만 결국 시민과
예술인들이 힘을 모아야 한다는 말씀 같습니다. 그랬을 때
큰 효과가 나오겠지요. 문화도시 대구의 위상이 많이 추락
하고 있는 상황에서 회장님의 말씀은 저에게도 큰 도움이
되었습니다. 앞으로 더 큰 역할을 기대하며 저도 회장님과
함께 대구의 문화예술 발전에 초석을 놓겠습니다. 회장님
개인적으로 하고 싶었던 일이 있으셨다면 무엇인가요?

신홍식 저는 관의 개입 없이 자유롭게 운영되는 사립 미
술관을 운영하고 싶은 열망이 있었습니다. 그러나 막상 시
작하려고 했을 때 어려움이 많아 실현시키지는 못했습니
다. 그렇지만 좀 더 자유로운 미술관은 여전히 제 꿈으로
남아있습니다.

정일균 제주도에는 기업이나 민간에서 운영하는 미술관들이 굉장히 많습니다. 반면에 대구는 한두 곳 정도로 아주 극소수에 불과합니다. 회장님은 제가 알기로도 집에 소장하고 있는 미술품이 굉장히 많으신 걸로 알고 있습니다. 대구를 위해서도 그런 회장님의 뜻이 반영된 개인미술관이 생겼으면 좋겠다는 생각을 하게 됩니다. 대구를 위해 꼭 실행해 주셨으면 합니다. 마지막으로 회장님의 봉사활동은 언제까지 진행될 것인지, 향후 계획을 묻고 싶습니다.

신홍식 지금 제가 맡은 일들이 있기 때문에 향후 5년은 더 일을 해야 할 것 같습니다. 제가 바라는 것은 공무원들이 간섭 아닌 간섭에서 벗어나 진정한 협력자로서의 의식을 키웠으면 하는 것입니다. 어차피 지금의 문화예술은 관의 지원이 큰 역할을 하고 있기 때문에, 공무원들과 함께 일을 진행해 갈 수밖에 없습니다. 그런데 막상 일을 해보면 현장과 행정 간의 큰 갭을 절감하게 됩니다. 그런 부분들이 점차 해소되었으면 하는 바람입니다.

정일균 회장님 말씀을 들으면서 시의원으로서 저도 책임을 통감하게 됩니다. 저도 시의원을 하면서 현장과 행정 사이의 괴리를 경험했습니다. 저희 시의원들도 시민과 현장의 목소리를 행정에 전달하는 가교 역할을 더 잘할 수 있도록 더욱 노력하겠다는 말씀을 드리면서, 긴 시간 진정성을 가지고 인터뷰에 응해주셔서 감사하다는 말씀을 드리면서 인터뷰를 마무리하겠습니다. 감사합니다.

은석준

대치감성학원 대구수성점 대표
前 동도초등학교 운영위원장
前 수성구 초등학교 운영위원장 협의회 부회장
前 경신중학교 운영위원장
前 수성구 중학교 운영위원장 협의회 감사

대한민국의 교육열은 자타공인 세계 최고다. 우리나라 학부모들은 자녀 교육을 위해서라면 그 어떤 희생도 감내한다. 자녀가 소위 말하는 SKY(서울대, 고려대, 연세대)에 진학하기라도 하면, 그 부모는 자녀교육에서 성공하고, 자녀로부터 최고의 효도를 받았다고 자부한다. 물론 누구나 그런 기쁨을 누리기를 희망하지만, 뜻대로 되지 않는 것 또한 자녀 교육이어서 목적을 달성하는 이들은 소수에 불과하다. 대학 진학을 위한 부모와 자녀의 합이 맞아야 하고, 좋은 정보나 효율적인 공부 방식 등의 제반 여건도 따라주어야 가능하다. 그리고 부모의 경제력도 무시하지 못한다.

범어네거리 수성범어더블유 아파트 내에서 대치감성 대구수성점이라는 소규모 입시 학원을 운영하는 은석준 씨를 찾았을 때, 그의 얼굴에서 여유가 묻어났다. 자녀 교육을 주제로 마련한 자리여서 더 그랬을지 모른다. 그의 아들인 현수 군이 현재 서울대학교 치과대학에 재학 중이기 때문이었다. 수능을 칠 당시 재수생 신분이어서 언론의 주목을 받지 못했지만, 그의 아들은 그해 대구에서 수능 최고 득점자였다.

수성구 교육에 대한 조언을 얻기 위해 그를 수성구 학부모의 대표로 만났다. 물론 그를 찾은 이유가 단순하게 아들이 서울대학교 의과대학에 진학했다는 사실만은 아니었다. 그가 교육 일번지 수성구에서 소규모의 입시학원을 운영하는 사교육 종사자라는 배경도 크게 작용했다.

그와는 이미 오랜 인연이 있었다. 15년 전, 동덕초등학교 운영위원회에서 만나 지금까지 인연을 이어왔다. 나도 아들과 딸을 키우는 학부모이고, 수성구 교육현장에 대한 관심이 높았기 때문에 15년이라는 긴 시간 동안 동덕초등학교 운영위원장을 맡아 활동해 왔고, 그와는 이미 교육과 관련한 많은 이야기를 나눴던 사이다.

내가 만난 그는 외유내강(外柔內剛)형이었다. 차분하면서도 품격을 갖추었지만, 전문성에 있어서는 한 치의 빈틈도 허용하지 않는 철저한 성격의 소유자였다. 그의 아들이 대구 최고득점자로 서울대에 3년 전에 입학한 것에 대해 늦었지만 다시 한번 축하의 인사를 건네며 인터뷰를 시작했다.

정일균 현수 군을 대구의 자랑으로 키워주셔서 감사를 드립니다. 현수 군은 성장기에 어떤 아이였습니까?

은석준 현수는 부모가 공부하라고 강요하기보다 자율적으로 공부하는 스타일이었습니다. 고등학교 2학년 때 스스로 자퇴를 결정하고, 입시 계획을 세워서 차근차근 준비를 했습니다. 자퇴로 미처 배우지 못한 과목은 EBS 교육방송을 통해 보충하기도 했습니다.

정일균 대학 입시를 준비하며 아버님께서 현수 군에게 입시 방향 같은 것을 설정해 주신 것이 있는지요?

은석준 저는 다른 것보다 잠을 충분히 잘 것을 권했습니다. 그것 말고는 스스로 알아서 공부하는 아이라서 특별하게 요구한 것은 없었습니다. 저도 입시학원을 하면서 많은 입시생들을 보게 되는데, 모두들 수면 부족에 시달렸습니다. 수면 부족은 공부의 집중력을 방해하는 큰 요인입니다. 그러나 아이들은 공부하는 시간을 늘려야 한다는 강박증에 잠을 줄이는 선택을 했습니다. 학부모님들의 바람도 마찬가지였습니다. 아이들이 잠을 줄여서라도 공부를 더 해줄 것을 내심 바랐습니다. 저희 아이도 같은 생각이었고, 그래서 늘 잠이 부족했습니다.
인간에게는 마지노선이라는 것이 있는데, 무조건 많은 시간을 할애해 책상에 앉아있어야 능사는 아닌데 잠을 줄이는 아이를 지켜보며 안타까운 마음이 들었습니다. 그래서 저희 아이에게 공부도 효율적이어야 한다는 점을 인지시켜 주었습니다. 그 전제 조건이 잠을 충분히 자는 것이라는 이야기도 했습니다. 그 생각은 지금도 변함이 없습니다.

정일균 고등학교 3학년 때만이라도 잠을 줄여 공부하기를 바라는 것이 모든 부모들의 마음입니다. 그런데 대표님께서 그에 반해 잠을 재워야 한다는 입장을 표명하셨다고 하니 그것이 대표님의 이야기를 듣는 독자들에게도 신선

하게 다가올 것 같습니다. 효율성의 측면에서 충분한 숙면이 도움이 된다는 이야기인 것 같습니다. 그러면 숙면 유도는 어떻게 하면 되겠습니까?

은석준 휴대폰을 멀리해야 합니다. 요즘 아이들은 틈만 나면 휴대폰을 봅니다. 잠자리에서까지 휴대폰을 손에서 놓지를 못합니다. 의식이 쉴 틈을 줘야 하는데, 휴식시간까지 휴대폰을 보게 되면 의식이 늘 각성되어 있기 마련입니다. 그것은 곧 숙면을 방해하는 요인이 됩니다. 저는 아이에게 휴대폰을 거실에 두고 잠자리에 들 것을 권하였습니다.

정일균 입시 준비하는 아이를 둔 학무모라면 누구나 조바심이 납니다. 우리 아이가 하는 공부방법이 맞는지, 학원을 더 보내는 것이 맞는지 등 여러 가지 측면에서 아이 공부를 위한 전략들에 대해 조바심이 납니다. 현수 군이 입시를 준비할 때 대표님께서는 학부모로서 어떤 점에서 조바심이 나셨는지요?

은석준 물론 그런 순간은 많았습니다. 특히 고3 수험생을 둔 학부모 같은 경우에, 모의고사 성적에 일희일비(一喜一悲)하게 됩니다. 저도 그런 것에 흔들렸습니다만, 그것에 너무 매몰되지는 말자며 저와 아들을 다독였습니다. 그게 결코 아이에게 도움이 되지 않는다는 것을 아니까요.

정일균 그럼 학부모가 어떤 마음가짐을 가져야 할까요?

은석준 가급적이면 모의고사 성적을 지켜보시라 말씀드리고 싶습니다. 왜냐하면 아이들한테 조금 더 시간을 주면 더 좋은 결과를 가져올 수 있거든요. 시험을 못 치면 아이 자신의 마음이 힘들고, 그것을 만회하기 위해 더 노력하게 되거든요. 그러니 우리 아이들을 믿고 스스로 이겨낼 수 있도록 묵묵히 지켜봐 주는 것도 학부모가 가져야 할 태도가 아닌가 싶습니다.

정일균 올해 자녀가 입시를 앞둔 학부모님들께 조언을 하신다면 무엇이 있을까요?

은석준 학부모의 생활패턴을 자녀들에게 맞추라고 말씀드리고 싶습니다. 아이와 함께 입시를 뛴다는 생각으로 아이와 같은 시간에 일어나고 잠자리에 드실 것을 권합니다. 그리고 중간에 아이들이 필요로 하는 것이 무엇인지 늘 살펴봐 주고, 필요한 것이 있다면 지원도 아끼지 마십시오. 학부모님께 조금 더 힘을 내시라는 말씀을 꼭 해드리고 싶어요.

정일균 부모 중에서 아버지와 어머니의 역할이 따로 있습니다. 특별하게 현수 군 어머님과 아버님 사이에 어떤 역할 분담이 있었습니까?

은석준 현수 엄마는 아이를 보듬는 역할을 했고, 저는 아침에 등교나 등원을 돕는 역할을 하였습니다.

정일균 요즘은 자녀가 좋은 대학에 진학하는 조건으로 엄마의 정보력도 빠트리지 않습니다. 현수 군의 경우 누구의 정보력이 더 컸습니까? 아무래도 입시학원을 운영하시는 대표님의 정보력이 주효했을 것 같은데요?

은석준 제가 현업에 있다 보니 아무래도 제가 아는 정보가 더 많았겠죠. 어떤 입시가 어떻게 유리한지에 대한 내용들을 많이 찾아보았습니다. 제2과목 선택에서 어떤 과목이 유·불리인지 그런 것들도 상당한 영향력이 있어서 그 부분에도 신경을 썼습니다.

정일균 인터뷰 중에 아드님 칭찬을 많이 하셨습니다. 입

시를 준비하는 과정에서 현수 군과의 갈등은 없었습니까?
있었다면 어떻게 현명하게 대처하셨을까요?

은석준 저희의 경우 갈등은 없었습니다. 저는 뒤로 물러
나 있고, 현수가 주도적으로 입시를 준비했습니다. 저는
믿어주는 쪽이었습니다.

정일균 고등학교 재학 때 현수 군이 자퇴라는 큰 결단을
내렸습니다. 그 부분에서 의견 충돌도 예상될 수 있습니
다. 어땠습니까?

은석준 저는 자퇴에 대해 어느 정도 불만이 없지는 않았
습니다. 그러나 우리 아이가 팀 수업에 욕심이 많아 자기
가 주도적으로 이끌어 가는 성향이 있다는 것을 알았기 때
문에 혼자 공부하는 방식도 나쁘지 않겠다는 생각을 하고

아이의 뜻에 동의를 했습니다. 물론 아빠 입장에서 아이의 자퇴가 불안할 수밖에 없지만, 공부하는 시간을 더 확보하고 싶다는 아이의 의견을 수용하고 따랐습니다.

정일균 강하게 현수 군을 설득하지 않은 구체적인 이유가 궁금합니다.

은석준 아이들과 의견 충돌이 있을 때, 너무 합리적이고 논리적으로 접근하면 아이들이 질식한다는 이야기를 듣기도 했지만, 그래도 저는 합리적으로 대화를 풀어가려고 노력했습니다. 저와 저희 아들은 서로 대화하는 과정에서 의견을 충분히 조율할 수 있었습니다. 아이의 경우 자기가 필요한 것이 있으면 먼저 요청을 하는 스타일이었고, 저는 웬만하면 들어주려 했습니다. 그래서 조율이 잘 됐습니다.

정일균 제가 이걸 왜 여쭤보느냐면, 의외로 학부모들이 자녀와의 의견충돌로 스트레스를 많이 받는 것을 보았기 때문입니다. 자녀들이 부모의 이야기를 듣지 않는다는 의견들이 많았습니다. 그런 경우가 교육전문가로서 어떻게 대처하는 것이 좋은지 조언을 부탁드립니다.

은석준 아이들이 부모님 의견에 반하는 요구를 하더라도, 그 자리에서 바로 답을 해버리면 싸움만 일어나게 됩니다. 그러니 시간을 좀 두시고 대화로 풀어가라고 조언하고 싶습니다. 저의 경우도 아이에게 시간을 좀 주었던 것 같습니다. 당장 결정을 안 해도 되는 사안은 시간을 두고 의논하게 되면 마음이 누그러지게 되고, 그때 다시 소통하면 대화가 잘 풀릴 확률이 높습니다.

정일균 부모들은 자녀에게 해주면서도 늘 부족하다는 생각을 하게 됩니다. 자녀에게 고마웠던 순간들도 많으셨겠죠?

은석준 제가 입시학원을 운영하다 보니 아이와 함께할 여건이 못 되었습니다. 그게 미안했는데 성적이 잘 나와서 고마웠습니다. 제가 우리 아이에게 수학을 가르쳤는데, 많은 시간을 할애하지 못했습니다. 다시 돌아간다면 아이에게 좀 더 많은 시간을 할애하고 싶습니다.

정일균 현수 군은 치의학과를 선택했는데, 현수 군의 뜻이라고 들었습니다. 물론 시대적으로 좋은 전공을 선택했다고 할 수 있습니다. 요즘 뛰어난 학생들이 현수 군처럼 적성에 따른 선택보다 유망직종에 쏠리는 현상이 많습니다. 모 고등학교 교장 선생님의 말씀을 들어보면 장래희망에 학생들이 다 의사를 적는다고 합니다. 수재들이 모두 의대로 가면 국가적인 손실이 될 텐데 말입니다. 이런 현상에 대해 어떻게 생각하시는지 의견이 궁금합니다.

은석준 나라의 균형발전을 위해서는 기초학문이나 공학분야에도 뛰어난 아이들이 많이 진학해야 합니다. 그러나 그런 분야에 대한 사회적인 처우가 좋지 않은 것이 문제입니다. 사회적인 논의가 이뤄지고, 차츰 개선해 나가야 의대 쏠림 현상이 완화될 것입니다.

정일균 현수 군은 지방에서 서울로 유학을 간 케이스입니다. 그럴 경우 학비에다 주거비까지 이중으로 부담이 가중됩니다. 자녀를 서울로 보낸 학부모로서 겪는 어려움은 어떤 것입니까?

은석준 제일 힘든 건 돈입니다. 우리 아이의 경우 기숙사 생활을 해서 주거비는 크게 들지 않지만, 만약 원룸이나 오피스텔을 구해 자취를 하게 된다면 비용적인 측면에서 많은 부담이 있었을 것입니다. 이런 부분에서 대구시 차원의 지원이 있으면 하는 바람은 있습니다. 대구 출신의 아이들이 서울에서 공부할 경우, 주거비의 일부만 지원해 줘도 큰 도움이 되니까요. 타 지자체의 경우 그런 지원제도가 운영되고 있다고 들었습니다.

정일균 지방자치단체 차원에서 기숙사를 운영하는 사례는 저도 들었습니다. 그럴 경우 비용 절감과 함께 다른 혜택도 있겠지요?

은석준 우선 주거비에 큰 도움이 됩니다. 여기에 기숙사에서 함께 생활했던 학생들이 졸업 후 사회에 진출했을 때, 그들이 서로에게 좋은 네트워크가 되어준다는 장점도 빠트릴 수 없습니다. 대구에도 대구 출신으로 서울권 대학에 진학한 학생들을 위한 기숙사 지원이 꼭 이뤄졌으면 하는 바람입니다.

정일균 현수 군은 꿈을 향한 보폭을 잘하고 있는 경우입니다. 그런 아이를 둔 학부모로서의 대표님의 만족감도 크실 겁니다. 학부모로서 앞으로 현수 군이 어떤 사람으로 성장하기를 바라는지요?

은석준 저희도 도움을 많이 받았기 때문에 현수도 사회에 진출하면 도움받은 것을 사회에 환원하며 살았으면 하는 바람입니다. 봉사활동도 좋고, 다른 사회 활동도 좋고, 사회에 공헌하는 방향으로 삶을 살았으면 합니다.

정일균 자녀는 아버지를 닮는다고 하지 않습니까? 제가 보아온 대표님은 좋은 사람입니다. 현수 군도 분명히 아버님을 닮아 좋은 사회인으로 성장할 것으로 믿습니다.
이제는 사교육 전문가로서 질문을 드려보겠습니다. 수성구의 교육 환경을 누구보다 잘 알고 계실 것으로 사료되는데, 수성구 교육 환경의 장점은 무엇이고 개선해야 할 사안은 무엇이라고 생각하시는지요? 수성구의 가열된 교육열은 또 어떻게 보십니까?

은석준 대구의 교육열과 교육환경은 정말 대단합니다. 무엇보다 교육 시스템이 전국 최고 수준입니다. 그러나 그런

만큼 경쟁도 치열합니다. 아이들이 그런 경쟁을 견뎌야 하는 것이 안쓰럽습니다. 국어와 영어와 수학이 부족한 학생들은 꼭 인문계를 고집할 필요가 있을까 하는 생각도 합니다.

아이의 적성에 맞는다면 마이스터고도 대안이 될 수 있다고 생각합니다. 마이스터고에서 열심히 공부해서 고등학교 전공과 연계된 대학에 진학하는 것도 좋은 방안이 될 수 있습니다. 마이스터고 출신을 위한 전형들이 있으니 도전해 볼 만합니다. 서울대학교도 농업 관련 고등학교 출신들을 위한 재정이 생겼다고 들었습니다. 또 일찍 취직하고 싶으면 취업의 문을 두드려도 됩니다. 이제는 사회적인 인식도 조금씩 변해가고 있으니까요.

대구 수성구는 교육과 주거 환경에서 탁월한 조화를 이루는 지역이다. 체계적이고 우수한 교육 프로그램을 운영하며, 학생 개개인의 진로와 적성을 세심하게 살피는 진로 상담 서비스까지 제공함으로써, 학생들이 자신의 가능성을 최대한 발휘할 수 있도록 지원하고 있다.

더 나아가 수성구는 학원가가 밀집해 있어 다양한 보충 학습 기회를 제공하는 한편, 지역 도서관과의 근접성 덕분에 학생들이 편리하게 학습 환경을 누릴 수 있는 환경이다. 어린이집과 유치원 등 어린 자녀를 위한 교육 인프라도 잘 정비되어 있어, 가족 단위 거주자들에게 안성맞춤인 지역이라 할 수 있다.

이처럼 수성구는 교육의 질과 생활 편의성이 어우러져, 미

래 세대를 위한 든든한 기반을 마련하는 공간으로 자리매
김하고 있다.

정일균 전국 최고의 교육 시스템을 자랑하는 수성구입니
다. 현재 문제점은 무엇입니까?

은석준 학교 같은 경우 요즘은 등급제 관련해서 변형이
있습니다. 원래 9등급제 하다가 이제 5등급제로 변경됐습
니다. 그런데 경쟁이 너무 치열하다 보니까 애들이 좀 힘
들어합니다. 사실 등급 안에 들어온 애들은 괜찮지만, 그
렇지 못한 아이들은 더 힘들게 되었습니다. 등급제가 더
세분화되어야 하는데, 등급이 적게 나눠져 있다 보니 그
속에 들지 못한 아이들의 좌절감이 심하거든요. 그런 것에
대한 대책을 학교에서도 마련할 필요가 있다고 봅니다.

정일균 입시제도도 조금은 유연해졌죠.

은석준 요즘은 정량평가로 성적대로 입학하는 평가도 있
지만 정성평가로 가는 경우도 생겼습니다. 어떤 것을 했느
냐, 안 했느냐에 따라 선발하는 전형들도 많습니다. 그런
제도를 최대한 잘 활용한다면 아이들 학교생활의 즐거움
도 더 커지지 않을까 싶습니다.

정일균 수성구 학생들이 전국에서도 의미 있는 성과들을
만들고 있습니다. 그 비결을 꼽는다면 무엇이 있습니까?

은석준 학생들이 열심히 한 결과라고 생각됩니다. 아무리 좋은 시스템을 갖추어도 학생들이 공부를 열심히 하지 않으면 무용지물입니다. 물론 학부모들의 많은 도움이 뒷받침된 것도 빠트릴 수 없습니다.

대한민국은 현재 심각한 인구 소멸 위기에 직면해 있다. 출산율 저하와 고령화가 맞물리면서 많은 지방 도시와 농어촌 지역에서는 인구가 급격히 줄어들고, 그로 인해 학생 수역시 눈에 띄게 감소하고 있다. 이는 단순한 숫자의 감소를 넘어 지역 사회 전반에 걸친 구조적 변화를 불러일으키고 있다.

학생 수가 줄어들면서 학교들은 통폐합을 거듭하고, 교육기회와 자원이 부족해지는 악순환에 빠지고 있다. 한때 활기찼던 교실은 점점 비어가고, 아이들의 웃음소리가 줄어드는 학교가 늘어나고 있다. 이는 단순히 교육 현장의 문제라기보다, 지역 공동체의 미래가 위태로워지고 있다는 신호다.

위기 속에서도 새로운 해법과 변화의 움직임은 나타나고 있다. 지방자치단체와 교육 당국은 인구 감소에 대응하기 위한 맞춤형 정책을 마련하고 있고, 학교의 기능을 다양화하며 지역 특성에 맞는 교육 모델을 도입하려 노력하고 있다. 또한, 원격교육과 스마트 교육 기술의 도입으로 학생들이 물리적 제약을 넘어 질 높은 교육을 받을 수 있는 환경을 조성하는 움직임도 활발하다.

대한민국이 당면한 인구 소멸 문제는 단기간에 해결하기

어려운 구조적 과제지만, 지역과 국가가 함께 지혜를 모으고 혁신을 이룬다면, 학생 수 감소의 위기를 극복하고 지속 가능한 교육 환경을 만들어 갈 수 있을 것이다. 미래 세대가 희망을 품고 성장할 수 있는 토대를 마련하는 일은 우리 모두의 책임이며, 그 출발점은 바로 지금 이 순간부터 시작되어야 한다.

정일균 지금 학생 수가 많이 줄고 있습니다. 이런 환경에서 수성구의 교육 시스템에도 변화가 필요하겠지요?

은석준 교육현장에 몸담고 있다 보니 학생 수가 주는 것을 피부로 실감하게 됩니다. 그에 따라 학원 수와 관련 산업들도 줄었습니다. 이런 현상이 걱정이 되기는 하지만 아직은 어떻게 풀어야 할지에 대한 답을 내기가 어렵습니다. 다만, 지역마다 편차가 큰 경우가 있습니다. 그런 부분은 개선이 필요합니다. 예를 들어 경동초등학교의 경우 6학년이 2개 반만 있다고 합니다. 계속 그렇게 가면 폐교도 생각해야 합니다.

정일균 그런 현상은 국가적인 문제인데요. 어떻게 해결해야 할까요?

은석준 이런 현상은 사람들의 욕망의 차이 때문에 일어난다고 봅니다. 지역마다 부동산 가격이 다르니까 부동산 경기가 좋은 지역에 젊은 인구가 몰리고, 안 그래도 출산율이 낮은데 부동산 편차 때문에 학교 폐교까지 생각하는 지역이 생겨나게 됩니다. 이런 문제를 해결하려면 주택가격 편차 해소책이나, 주택지원 정책 같은 방안들이 뒤따라야 합니다. 수성구는 교육 일번지라는 이미지가 굳어서 오히려 학습 환경이나 그런 것들이 안 좋습니다. 반별 학생 수가 굉장히 많습니다.

대한민국만큼 공교육과 사교육이 동시에 강한 나라는 드물다. 대부분의 학생은 학교 수업이 끝난 뒤 학원으로 향한다. 이 이중 구조는 한국 교육의 특징이자 오랜 논쟁거리다. 사교육은 공교육의 실패일까, 아니면 한국 사회가 만들어 낸 또 하나의 교육 시스템일까.

전쟁 이후 한국 사회는 단기간에 국가를 재건해야 했다. 공교육은 문맹을 퇴치하고 산업 인력을 대량 양성하며 국민을 하나의 제도 안으로 묶는 핵심 장치였다. 공교육의 목표는 '균질한 인력을 빠르게 길러내는 것'이었고, 이는 성공적으로 수행됐다. 그러나 산업화가 진전되고 대학 진학이 계층 이동의 핵심 통로가 되면서 교육은 곧 삶의 서열을 가르는 장치가 된다.

문제는 공교육이 구조적으로 경쟁 최적화 시스템이 아니라는 데 있다. 공교육은 대규모 집단을 대상으로 형평성과 안정성을 우선한다. 반면 입시는 미세한 점수 차이로 순위를 만들고 탈락을 전제한다. 이 간극 속에서 사교육이 성장했다. 사교육은 더 빠르게, 더 정확하게, 더 개인에게 맞춰 가르치며 경쟁을 뒷받침했다. 그 결과 공교육은 기반 시스템으로, 사교육은 경쟁 시스템으로 역할이 분화됐다.

오늘날 공교육은 여전히 사회의 필수 인프라다. 기초 학력, 시민 교육, 공동체 경험, 공식 학력 인증은 학교만이 감당할 수 있다. 그러나 입시 현실 속에서 공교육은 점점 성적 생산의 중심 무대가 아니라 학교생활의 배경으로 밀려나고 있다. 그 빈자리를 사교육이 채우며, 입시 정보와 전략, 선행과 심화, 불안 관리까지 담당하는 거대한 산업으로 확대됐다. 이 구조는 교육 효율을 높이는 동시에 가계 부담과 계층 격차를 구조화한다.

해법은 사교육을 없애는 데 있지 않다. 입시 경쟁과 대학 서열이 유지되는 한 사교육은 사라지지 않는다. 중요한 것은 공교육이 무엇을 책임질 것인가다. 공교육이 가야 할 길은 속도와 변별이 아니라 학습의 토대다. 문해력, 사고력, 탐구, 협업, 실패해도 안전한 환경. 이는 사교육이 대체하기 어려운 영역이며 미래 사회가 요구하는 역량이다. 사교육은 학교를 앞지르는 구조가 아니라, 보완하고 확장하는 역할로 이동해야 한다.

그러나 어떤 논의도 입시 구조를 건드리지 않으면 공허하다. 변별 중심 시험과 서열화된 대학 체제가 유지되는 한 공교육 정상화는 요원하다. 공교육과 사교육의 문제는 교육만의 문제가 아니라, 한국 사회가 경쟁을 조직하는 방식의 문제다. 공교육이 다시 사회의 기반이 되기 위한 조건을 묻는 것, 그 질문이 지금 가장 시급하다.

정일균 공교육이 바로 서야 국가적으로 좋은 교육환경이라고 할 수 있을 텐데요. 공교육의 핵심 역할은 어디서 찾을 수 있을까요?

은석준 공교육과 사교육이 맞물려 시너지 효과를 내면 금상첨화입니다. 그런데 지금 공교육도 입시에 너무 매몰되어 있어 공교육의 역할에서 부족한 부분들이 있습니다. 학생들의 인성교육을 강화하고, 교사들의 처우 개선도 시급합니다.
또한 아이들의 적성을 찾아주기 위한 다양한 체험교육도 공교육에서 해야 할 부분입니다. 기초학력이 저하되는 것은 오히려 사교육에서 해결할 수 있는 부분입니다. 아이들이 사회에 진출했을 때, 공부는 많이 했는데 인성의 문제가 불거지는 경우가 많습니다. 이런 부분은 국가적인 과제로 풀어야 합니다. 저도 참 걱정입니다.

정일균 학부모들에게 좋은 말씀 많이 해주셨는데, 그래도 이제 마지막으로 우리 수능 준비하는 학부모들한테 무슨 마지막 조언을 드린다면 무엇이 있을까요?

은석준 우리 아이도 그렇고 학원 아이들도 그렇고, 옆에서 지켜보면 학부모님들이 생각하는 것보다 훨씬 강합니다. 부모의 계획에 벗어난 것 같아도 사실 아이들은 나름대로 생각도 많습니다. 저는 아이들에게 생각할 시간을 조금은 주라고 말씀드리고 싶습니다. 잠자는 시간과 휴식 시간도 필요합니다.

저희 아들은 6일 공부하고 하루는 쉬는 시스템으로 입시를 준비했습니다. 하루를 쉬어도 6일간 열심히 공부하기 때문에 문제가 안 됐습니다. 오히려 하루 휴식을 취했기 때문에 집중도나 효율성이 더 높아졌습니다. 그리고 수능이 가까워 오니까 누가 시키지 않아도 스스로 알아서 7일 꼬박 공부를 했습니다. 아이들은 기계가 아니기 때문에 반드시 휴식이 필요하다는 것을 잊지 않으셨으면 합니다.

정일균 그런데 부모님들은 아이들에게 휴식 시간을 주고 싶어도 조바심 때문에 잘 안됩니다. 쉬는 시간에 책이라도 한 번 더 보았으면 하는 마음입니다.

은석준 맞습니다. 그렇더라도 마음을 조금은 내려놓아야 합니다. 그래야 학생들이 편해질 거고 편해지면 또 오히려 공부가 더 잘될 수 있거든요. 그런데 부모님 마음은 또 그렇지 않으니 아이들이 쉴 틈이 없는 것이죠. 그런 것들이 참 어렵습니다.
그러면 이제는 역으로 제가 의원님께 질문을 드리겠습니다. 정치권이나 지방자치단체 차원에서 현 교육시스템에 대한 개선책을 운용할 수 있는지요?

정일균 교육시스템은 중앙정부가 만들잖아요. 국가 차원의 접근이 필요한 부분입니다. 그렇지만 과도한 경쟁과 특정대학 쏠림현상은 개선돼야 합니다. 그러기 위해서는 입시제도가 바뀌어야 하는데, 쉽지 않은 것 같습니다. 우리 아이들이 인성교육도 받고, 체육이나 음악, 미술 교육도 받으면서 전인적인 인재로 성장해야 하는데, 지금의 입시 제도로는 쉽지 않습니다. 특히나 인공지능(AI) 등의 기술 발전이 사회를 재편하고 있는 시점에서, 아이들 교육의 다양성은 꼭 필요하다고 봅니다. 공교육 바로 서기 같은 사안들은 정치권에 있는 저도 의정활동에 반영될 수 있도록 노력할 것입니다.

은석준 대표님을 만난 지는 오래됐지만, 이렇게 아이들 교육과 관련한 전문적인 이야기를 나눈 것은 처음이었습니다. 지역의 학부모님들의 궁금증을 해소할 수 있는 유익한 시간이었고, 저 역시 정치권에서 제가 어떤 역할을 해야 할지 방향성을 잡는 데 좋은 시간이었습니다. 못다 한 이야기는 앞으로 또 만나서 또 소주 한 잔 하면서 더 나눠보도록 하겠습니다. 긴 시간 인터뷰 고생하셨고, 감사드립니다.

은석준 저도 이렇게 저의 전문 분야에 대해 의원님과 이야기를 나눌 수 있어 기뻤습니다. 제 이야기가 수능을 앞둔 학부모들에게 좋은 정보가 되었으면 하는 바람이고, 의원님께서도 의정활동에 교육 분야에도 많은 관심을 가져 주시기를 당부드리겠습니다.

정일균 감사합니다.

정승호

대구시 배드민턴협회 회장
(주)신오건설 대표이사
前 수성구 배드민턴협회 부회장

아주 많은 사람들의 어떤 하루는, 배드민턴 라켓 소리로 시작된다. 셔틀콕이 네트를 넘는 짧은 순간마다 승패보다 먼저 오가는 것은 인사와 웃음, 그리고 서로의 안부다. 생활체육으로서의 배드민턴은 그렇게 우리 동네의 하루를 지탱하는 가장 일상적인 풍경 중 하나다. 배드민턴은 단순한 운동을 넘어 사람을 잇는 언어에 가깝다는 생각을 해본다. 세대가 다르고 직업이 달라도 코트에 서는 순간만큼은 같은 규칙 안에서 같은 땀을 흘리며, 누군가는 건강을 위해 누군가는 관계를 위해 또 누군가는 하루의 균형을 찾기 위해 이 운동을 선택한다. 생활체육은 그렇게 도시의 가장 낮은 곳에서, 그러나 가장 넓게 사람들을 묶어낸다.

사실, 생활체육은 정책 보고서의 맨 뒷장에 자주 등장한다. 중요하다고 말하지만, 늘 나중에 다뤄지는 영역이라는 얘기다. 그러나 지역의 체육관과 학교 체육관, 동네 강당을 들여다보면 이야기는 달라진다. 그곳에서는 매일같이 사람들이 몸을 움직이고, 땀을 흘리며, 관계를 만들고 있다. 생활체육은 통계가 아니라 일상인 것이다.

대구시 배드민턴협회장을 만나 이야기를 나눈 이유도 여기에 있다. 경기력 중심의 엘리트 스포츠가 아니라, 일상의 체력과 공동체를 함께 키우는 생활체육으로서 배드민턴이 지역에서 어떤 역할을 해왔는지, 또 무엇이 부족하고 무엇을 더 채워야 하는지를 듣고 싶었다. 체육관의 부족, 동호회 운영의 현실 같은 이야기 속에는 정책 이전에 삶의 언어가 담겨있기 때문이다.

도시는 결국 사람의 몸과 생활로 완성된다. 생활체육은 그 몸을 움직이게 하고, 생활을 서로에게 연결한다. 이 인터뷰는 배드민턴이라는 하나의 종목을 넘어, 지역 공동체가 어떻게 건강해질 수 있는지를 묻는 이야기이다.

정일균 지난해 2월부터 대구시 배드민턴협회 회장을 맡고 계시죠? 개인적으로는 건설회사를 26년째 운영하고 계시고 모교인 경신고등학교와의 인연으로 장학재단 등기이사로 활동하면서 교육 발전과 인재 육성에도 힘을 보태고 계신 것으로 알고 있습니다. 안 그래도 많이 바쁘실 텐데 어떻게 배드민턴까지 일상으로 가져오셨습니까?

정승호 기저질환이 계기가 돼서 배드민턴을 시작했습니다. 당뇨가 있어서 운동을 좀 해야겠다고 고민하고 있었는데 가까운 지인이 당뇨 관리에는 배드민턴이 최고라고 권하더군요. 그때부터 배드민턴 라켓을 잡게 됐습니다. 저희 배드민턴 동호인들 사이에서는 흔히 농담처럼 배드민턴을 권해준 사람을 '목숨을 구해준 사람'이라고 말합니다. 그만큼 건강에 좋은 운동이라는 얘기죠.

제 경우도 목숨을 구한 경우라고 보시면 됩니다. 배드민턴은 실제로 수명을 연장하는 운동으로 꼽히는 종목이기도 합니다. 관련 통계를 보면 평균적으로 약 6.5년의 수명 연장 효과가 있는 것으로 나타나 있습니다. 사실 그런 통계를 볼 것도 없이 제가 산 증인이죠. 당뇨라는 기저질환 때문에 배드민턴을 시작해서 건강 상태가 눈에 띄게 좋아졌으니까요.

정일균 건강뿐만 아니라 사람 관계도 좋아지게 만드는 운동이죠, 이 배드민턴이?

정승호 그럼요. 저는 사람들과 어울리고 부딪치며 지내는 걸 좋아하는 편인데, 배드민턴을 하면서 자연스럽게 여러 분야의 사람들을 만나게 됐습니다. 그러다 보니 좋은 이야기들도 많이 듣고 조언도 많이 받게 됐고요. 그런 점에서 이 운동이 제 삶에 꽤 의미 있는 계기가 됐습니다.

정일균 그런 장점들 때문이겠죠? 배드민턴이 이제 다른 운동에 비해서 동호인 규모가 굉장히 크다고 알고 있습니다. 현재 대구시의 배드민턴 동호인 규모와 활동 수준은 어느 정도입니까?

정승호 대구가 9개 구·군으로 이루어져 있는데, 배드민턴 클럽은 무려 200여 개나 됩니다. 동호인 수는 전체적으로 보면 약 5만 명 정도 되고, 협회에 정식으로 등록된 인원은 2만 명 정도입니다. 지역별로 동호인 수를 보면 북구가 가장 많고, 달서구, 수성구 순으로 이어집니다.

정일균 인구에 비해 비율대로 좀 따라가는 것 같네요. 그나저나 배드민턴이 인기 있는 이유가 뭘까요?

정승호 배드민턴은 다른 종목에 비해 오랜 구력이나 높은 실력이 있어야만 즐길 수 있는 운동은 아닙니다. 누구나 비교적 쉽게 시작할 수 있고, 가족 단위로 즐기기에도 적합합니다. 전문적인 기술을 오래 익혀야만 하는 운동이 아니라, 짧은 시간 안에 직접 몸을 움직이며 즐길 수 있다는 점에서 동호인이 꾸준히 늘어난 것 같습니다. 또 배드민턴만의 특수성도 있습니다. 처음 시작할 때는 다소 힘들 수 있지만, 땀을 흘리고 나서 즐겁게 웃다 보면 어느 순간 빠져들게 됩니다. 표현이 조금 과할 수도 있지만 일종의 '중독성'이 있는 운동이라고 할 수 있습니다. 물론 다른 운동들도 마찬가지겠지만요.

정일균 한번 시작하면 멈출 수가 없다?

정승호 네, 네.

정일균 협회장 선거 당시 전용 경기장 건립을 공약으로 내세우셨는데요. 현재 대구시의 생활체육, 특히 배드민턴을 포함한 생활체육 인프라 현황은 어떻게 보고 계시는지, 또 개선이 필요하다고 느끼는 부분은 어떤 점들이 있는지 궁금합니다.

정승호 제가 협회장 선거에 나올 때 공약 가운데 하나로 배드민턴 전용 경기장 건립을 말씀드렸습니다. 그런데 협회장을 맡아 6개월 정도 활동하면서 전임 회장님들, 또 동호인들 이야기를 직접 들어보니 생각이 조금 달라지더라고요. 현실적으로 대구 시내에 배드민턴 전용 경기장을 짓는 것은 쉽지 않습니다. 동호인 수가 워낙 많다 보니, 전용 경기장으로 대회를 치르려면 최소 32코트 정도는 나와야 하는데 그 정도 규모의 시설을 배드민턴만을 위해 운영하기에는 경제성 측면에서 타당성이 떨어진다는 판단이 들었습니다.

그래서 제가 대안으로 생각하는 건 기존 시설의 활용입니다. 예를 들면 월드컵 경기장 안에 있는 육상진흥센터를 완전한 전용 시설로 두기보다는, 조금만 손을 봐서 다목적 체육시설로 전환하는 겁니다. 그렇게 되면 배드민턴뿐 아니라 여러 종목이 함께 사용할 수 있고, 관리비 부담도 지금보다 훨씬 줄어들 수 있습니다. 대구시 입장에서도 효율적인 선택이 될 수 있다고 봅니다.

개인적으로는 육상진흥센터를 왜 계속 육상 종목 전용으로만 유지해야 하는지에 대해서도 의문이 있습니다. 시민 모두가 활용할 수 있도록 열어두는 게 더 바람직하지 않을까 하는 생각입니다. 최근에 대한배드민턴협회 김동문 회장님도 육상진흥센터에 왔다가 깜짝 놀라는 거예요. 이렇게 좋은 공간을 왜 활용하지 않고 있냐는 거죠. 숙박 시설

까지 다 돼 있는데 말입니다.

하나 더 말씀드릴게요. 체육시설에 1달러를 투자하면 2달러의 효과가 나온다는 해외 사례가 있습니다. 과학적·통계적으로 검증된 이야기입니다. 생활체육에 대한 투자가 결국엔 시민 건강으로 돌아오고, 장기적으로는 사회적 비용을 줄이는 효과로 이어진다는 뜻입니다.

정일균 운동 인구를 늘리는 것이 단순한 체육 정책을 넘어 매우 중요한 사회적 투자라는 얘기신 거죠?

정승호 맞습니다. 예를 들어 지금 전국적으로 치매 환자가 100만 명에 이릅니다. 그 가운데 50만 명 정도는 국가 의료비 지원을 받고 있고, 나머지 50만 명은 요양병원에 계신 상황이거든요? 그런데 배드민턴 같은 생활체육을 통해 꾸준히 운동을 하게 되면 이런 상황을 조금이라도 늦출 수 있다는 겁니다. 그렇게만 해도 국가적으로는 의료비 예산을 상당 부분 절감할 수 있는데 왜 이런 투자를 적극적으로 하지 않는지 솔직히 이해되지 않습니다.

또 하나 아쉬운 점은 종목에 대한 인식입니다. 저희 배드민턴 협회도 물론 대구시 체육회 산하에 있는 여러 종목 가운데 하나이긴 합니다. 하지만 그냥 'N분의 1' 종목으로만 생각하면 안 됩니다. 국회의원 수를 인구 비례로 정하듯이 생활체육 종목 역시 참여 인원이나 규모에 따라 판단해야 하는데, 동호인 수가 수만 명이나 되는 배드민턴 종목을 다른 종목들과 동일하게 '50여 개 종목 중 하나'로만 취급하고 있습니다.

정일균 현장의 현실이 제대로 반영되지 않고 있다는 거죠?

정승호 그렇습니다. 인원이 100명 있는 곳과 만 명 있는 곳, 당연히 다르게 지원해야 하는데 대구시 체육회에서는 그냥 50개 협회 중에 똑같은 하나라고 생각하는 겁니다. 지원금만의 문제를 얘기하는 게 아닙니다. 이용할 수 있는 시설이라든지 전반적인 문제들을 말씀드리는 겁니다.

정일균 충분히 공감합니다. 저 역시 체육단체장을 맡아본 경험이 있어서 생활체육에 대한 관심이 큰데요. 앞서 육상진흥센터 말씀을 하셨습니다만, 사실 2013년에 조성된 시설인데 가동률이 지금 30%도 채 되지 않는 상황입니다. 그래서 이걸 다목적 체육관으로 전환하자고 제가 의회에서 공식적으로 요청했고 계속 힘을 보태고 있습니다.

또 하나, 회장님께서 말씀하신 예산 문제 역시 늘 지적해 온 부분입니다. 50여 개 체육단체에 예산을 똑같이 나눠 배분하는 방식은 행정 편의에 따른 결정이라는 생각이 들 때가 많습니다. 저는 예산 심의나 행정 사무감사 때마다 "왜 참여 인원이나 규모와 상관없이 똑같이 나누느냐"고 문제를 제기해 왔고, 이런 부분은 앞으로도 반드시 개선해 나가야 할 과제라고 봅니다. 저도 그 과정에서 계속 노력하겠습니다.

배드민턴협회만의 문제가 아니라 생활체육 전반을 놓고 보면 결국 이것은 복지 정책입니다. 그래서 인프라가 무엇보다 중요한 거죠.

정승호 네, 맞습니다. 현장에서 느끼는 어려움들도 있습니다. 예를 들면 저희가 배드민턴 구장을 학교 시설로부터 임대해 사용하는 경우가 많은데, 연간 단가로 임대를 해서 체육시설을 이용하고 있습니다. 그런데 최근에는 교육부 정책이나 학교 사정에 따라 이용 시간이 줄어드는 일이 생기고 있습니다. 원래는 19시부터 22시까지 운동을 할 수 있었는데 학교에 남아있는 관리 인력이나 경비하시는 분들의 근무 시간, 법적인 문제 등이 겹치면서 이용 시간이 30분 정도 단축됐습니다. 임대해서 사용하는 입장이다 보니 동호인들이나 협회가 이 부분에 대해 적극적으로 문제를 제기하기도 쉽지 않은 상황입니다.

문제는 동호인들 입장입니다. 대부분 직장 근무를 마치고 운동하러 오면 보통 저녁 7시 반, 8시가 되는데 이용 시간이 30분 줄어들면 실제로는 운동할 수 있는 시간이 30분이 아니라 길게는 한 시간 가까이 줄어들게 됩니다. 현장에서는 그 체감이 상당히 큽니다. 어느 정도 시간을 들여야 땀도 나고 제대로 운동했다는 느낌을 받을 수 있는데, 막상 몸이 풀리고 운동이 시작될 즈음에 정리해야 하는 상황이 반복되는 겁니다.

학교 측에서도 법과 규정을 따를 수밖에 없는 사정이 있다는 점은 이해합니다. 다만 그렇다고 해서 동호인들의 운동 기회가 이렇게 줄어드는 게 과연 당연한 것인지에 대해서는 한 번쯤 고민해 볼 필요가 있다고 생각합니다. 규제 때문에 어쩔 수 없는 부분이라면 최소한 대화를 통해 다른 방법은 없는지, 조금이라도 운동할 수 있는 여지는 없는지 함께 논의해 주셨으면 하는 바람입니다.

정일균 그 부분은 제가 따로 한 번 확인해 보겠습니다. 미처 알지 못했던 사안인데, 확인해서 개선할 수 있는 방법이 있는지 찾아보겠습니다.

정승호 감사합니다.

정일균 생활체육은 대부분 건강을 이유로, 취미 활동으로 시작하게 됩니다. 그런데 막상 하다 보면 단순한 운동을 넘어 하나의 공동체 활동이 되기도 합니다. 지역 공동체를 활성화하는 데 기여하고, 나이가 많은 세대와 젊은 세대가 자연스럽게 어울리며 소통하는 계기가 되기도 하죠. 그런데 이런 기회들이 많지 않은 게 사실입니다. 특히 젊은 세대의 경우 직장 외에는 사람들과 지속적으로 어울릴 수 있는 공동체가 거의 없는 현실인데, 생활체육을 통해 그런 공동체를 만들어 가고 소통할 수 있다는 점은 국가적으로도 상당히 중요한 의미를 가진다고 봅니다.

정승호 그렇습니다. 그런 부분들이, 개인의 건강이 사회의 건강으로 이어지는 지점이라고 생각합니다.

정일균 배드민턴 종목도 엘리트 체육과 생활체육으로 나뉘어 있는데, 두 영역이 함께 발전할 수 있어야 그 종목이 활성화될 수 있다고 봅니다. 엘리트 체육과 생활체육이 선순환되는 구조를 만들기 위해서는 어떤 노력이 필요하다고 보시는지, 또 협회 차원에서는 그 부분을 어떻게 풀어가고 있는지 궁금합니다.

정승호 제가 협회장을 맡은 지 이제 6개월 정도 됐는데, 첫 번째도 두 번째도 세 번째도, '관심'이라고 생각합니다. 주변에서 배드민턴에 조금만 더 관심을 가져주셨으면 하는 바람이 큽니다. 정 의원님 말씀대로, 배드민턴은 크게 생활체육과 엘리트 체육으로 나뉘는데 생활체육 쪽에서는 동호인들이 요구하는 몇 가지 현안들이 있었습니다.

그 부분은 협회 차원에서, 또 제가 할 수 있는 범위 안에서 하나씩 손을 보면서 어느 정도는 해결이 됐습니다. 지금 대회 때마다 동호인들이 1,400팀에서 많게는 1,500팀까지 참가할 정도로 참여도가 높아진 걸 보면, 생활체육으로서의 배드민턴은 아주 잘 꾸려져 가고 있다고 생각합니다.

하지만 엘리트 체육으로서의 배드민턴은 앞으로 더 집중해야 할 부분입니다. 대구가 인구 240만 명 규모의 도시인 만큼 배드민턴 인재 자원도 충분한 편인데 문제는 그 인재들이 지역을 떠나고 있다는 점입니다. 이 부분을 어떻게 붙잡고, 키워낼 것인지가 지금 가장 중요한 과제라고 보고 있습니다.

정일균 지역을 떠나는 가장 큰 이유가 뭡니까?

정승호 코치들에 대한 처우와 대우 문제입니다. 지도자들의 처우가 열악하다 보니 유능한 코치들이 다른 지역으로 가거나 아예 다른 길을 선택하게 됩니다. 그러면 그 밑에서 훈련하던 학생 선수들도 함께 지역을 떠나게 되는 거죠. 초등학교 때는 잘하던 선수들이 중학교, 고등학교까지 대구에 남아있는 경우가 많지 않은 게 현실입니다. 이 부분은 누구 한 사람이 관심을 가져서 해결될 수 있는 문제가 아니라는 점도 잘 알고 있습니다. 그럼에도 불구하고, 관계자들이 한 번쯤은 제대로 만나서 이 문제를 놓고 이야기를 해봤으면 좋겠습니다. 대구시 차원에서 조금이라도 도움 줄 수 있는 방법이 있는지 함께 고민해 볼 필요가 있습니다.

과거를 돌아보면 대구에는, 대구고등학교처럼 배드민턴 명문으로 불리던 학교도 있었고 국가대표를 배출하기도 했습니다. 하지만 지금은 상황이 많이 달라졌습니다. 전국 소년체전 같은 대회에 나가 보면 대구가 항상 성적이 하위권에 머무는 지역 중 하나라는 사실을 부인하기 어렵습니다. 이 역시 지금의 구조가 안고 있는 현실적인 문제라고 봅니다.

정일균 말씀하신 대로 엘리트 체육 문제는 단순하지 않습니다. 코치 처우나 환경처럼 운동하기 좋은 조건을 찾아 인재가 빠져나가는 구조적인 문제도 있고, 학교 체육 인프라가 부족한 현실도 함께 얽혀있습니다. 이런 문제를 협회장 혼자 해결하기는 분명히 어렵고 교육청과 대구시, 대구시체육회가 함께 머리를 맞대고 고민해야 할 사안이라고 저도 생각합니다.

한편으로는 생활체육도 마찬가지입니다. 배드민턴 동호인

들이 말씀하신 것처럼 '계속 빠져들어' 활동을 이어가기 위해서는, 시설이나 프로그램뿐 아니라 보험이나 안전 같은 기본적인 지원이 뒷받침돼야 한다고 보는데요. 이런 부분들을 저도 관련 기관과 잘 협의해서 챙기도록 하겠습니다. 배드민턴 대회가 대구에서 1년에 몇 번 정도 개최되는지요?

정승호 시 협회 차원에서 주관하는 공식 대회는 1년에 네 차례 정도 열리고 있습니다. 여기에 구·군 단위에서 공식적으로 개최하는 대회가 연간 두 번 정도 있고요. 또 경우에 따라서는 협회나 개인 차원에서 별도로 대회를 열기도 합니다. 전체적으로 보면 한 해 동안 여러 형태의 대회들이 이어지고 있다고 보시면 됩니다.

정일균 생활체육 대회가 종목마다 많이 열리고 있는데, 이런 대회들이 단순히 경기로 끝나는 게 아니라 지역 경제 활성화나 체육 인프라 확충으로까지 이어질 필요가 있다고 생각합니다. 예를 들어 다른 지역에서 대구로 대회를 치르러 오면, 자연스럽게 식사도 하고 숙박도 하면서 지역에 소비가 생기게 되잖아요? 하지만 대구는 아직도 이런 연계가 충분히 이루어지는 것 같지 않습니다. 대회를 하기 위해 사람들이 모이고 그 흐름이 지역 경제로까지 이어지는 구조가 아직은 약한 것 같아요.

정승호 바로 그겁니다. 사실 저도 얼마 전까지만 해도 국가대표 예비 선발대회를 대구에 유치하고 싶다는 생각을 강하게 했었습니다. 이런 대회를 개최하게 되면 선수단과 관계자들이 대구에 머물면서 숙박도 하고 식사도 하고, 소비가 생기기 때문에 경제적 효과는 분명히 있습니다. 문제는, 실제로 투자나 예산 지원을 집행하는 과정에서입니다.

대구시나 관계 기관에서 정책적으로 조금만 협조해 준다면 충분히 해볼 만한 일인데 현실에서는 선뜻 움직여 주지 않는다는 느낌을 받을 때가 많습니다. 분명히 대구 경제에 도움이 되는 일인데도 말입니다. 그래서 협회 차원에서도, 또 개인적으로도 대구시와 대구시체육회에 여러 차례 이야기를 해봤습니다. 심지어는 일정 부분의 비용을 제 사비로 부담하겠다는 말씀까지 드렸습니다. 저희는 언제든 준비가 돼있는데 정작 책임 있는 위치에 계신 분들이 결정을 내려주지 않으니 답답할 때가 많습니다.

정말이지 이 부분은 데이터로도 충분히 설명할 수 있고, 의원님께 따로 자료를 드릴 수도 있습니다. 대회를 유치하면 경제적 효과는 반드시 생긴다고 확신합니다. 다만 이런 효과가 단기간에 눈에 띄게 보이지 않다 보니 행정하는 입장에서는 망설여지겠죠. 매우 안타까울 뿐입니다.

정일균 대구마라톤대회처럼, 대회를 계기로 사람들이 대구를 찾고 관광도 하고 음식도 즐기고 숙박도 하는 구조가 잘 만들어진다면 지역 경제에도 큰 도움이 될 텐데…. 회장님 혼자 해서 되는 게 아니니 얼마나 답답하시겠습니까? 저도 열심히 노력하도록 하겠습니다.

정승호 네, 든든합니다.

정일균 최근 인구가 계속 줄고 있지 않습니까? 이런 상황에서 앞으로 5년, 10년 후를 내다봤을 때 생활체육 환경은 어떤 방향으로 변화해야 한다고 보시는지요?

정승호 사회 구조를 보면 고령층과 장·노년층 인구는 계속 늘어나고, 반대로 젊은 인구는 일자리를 찾아 수도권으로 이동하는 흐름이 이어지고 있습니다. 이런 인구 구조의 변화 속에서 배드민턴이 갖는 장점이 분명히 있다고 봅니다. 의원님께서는 배드민턴을 보통 몇 살까지 할 수 있는 운동이라고 생각하십니까?

정일균 배드민턴이 좀 과격한 운동인 걸 감안했을 때, 일흔 살 좀 넘으면 힘들지 않을까요?

정승호 물론 개인차는 있습니다만, 요즘은 신체 조건이라든가 체력이 워낙 좋아져서 저희 장·노년부를 보면 80대이신 분들도 배드민턴을 치고 계십니다. 실제로 수성구 곳곳에서 운동하시는 80대 노인들을 심심치 않게 만나잖아요. 산에 가보면 연세가 꽤 있으신 분들이 정말 많이들 올라오십니다. 참 대단들 하시죠.
사실 요즘은 핵가족화가 되면서 혼자 지내는 시간이 늘어나고, 그러다 보니 우울증이나 치매 같은 문제로 이어지기 쉽습니다. 결국 그 부담은 국가가 의료비로 떠안게 되고요. 이런 상황이라서 더, 배드민턴이 유의미한 생활체육이라는 겁니다. 지금 코트에 가보면 70대, 80대 어르신들이 직접 뛰고 있습니다. 이건 꼭 한 번 보셔야 합니다. 그 자체로도 의미가 크고, 생활체육이 왜 중요한지 단적으로 보여주는 장면이니까요.

정일균 생활체육 발전을 기대하는 회장님의 바람이 이루어지려면 대구시와 각 구·군의 역할이 무엇보다 중요하겠는데요. 시와 의회, 또 구·군 차원에서 생활체육을 위해 우선적으로 추진해야 할 정책이 있다면 어떤 것들이 있을까요?

정승호 결국 핵심은 인프라 지원이라고 생각합니다. 물론 대구시 예산이 넉넉하지 않고 써야 할 곳도 많다는 것은 잘 알고 있습니다. 하지만 저희가 꼭 예산 지원만을 요구하는 건 아닙니다. 대구시에 이미 마련돼 있는 체육시설들을 합법적이고 정당하게, 조금 더 효율적으로 이용할 수 있도록 해달라는 이야기입니다. 새로운 시설을 지어달라는 요구가 아니라, 있는 시설을 생활체육에 맞게 열어달라는 것이죠. 그러기 위해서는 무엇보다 관심이 필요합니다. 배드민턴이 어떤 운동이고, 시민들에게 어떤 의미가 있는지에 대해 대화할 수 있는 창구를 조금만 열어주셨으면 합니다. 그렇게 이야기를 나누다 보면, 큰 예산을 들이지 않더라도 충분히 좋은 해법이 나올 수 있다고 봅니다. 시민들이 건강하고 즐겁게 운동할 수 있는 여건을 만들어 주는 것, 그 부분에 조금만 더 관심을 기울여 주시면 충분합니다.

정일균 정리해 보면, 결국 생활 체육인들에 대한 관심과 소통이 가장 중요하다는 말씀이신 것 같습니다. 저 역시 의회에서 그 부분을 염두에 두고 계속 노력하겠습니다. 마지막 질문입니다. 개인적으로든 대구시 배드민턴협회장으로서든 꼭 이루고 싶은 꿈이 있으신지요?

정승호 초등학교부터 대학교까지 망라한 엘리트 배드민턴 선수권대회라든가, 국가대표 선발대회 같은 큰 경기들이 대구에서 개최될 수 있었으면 너무 좋겠어요. 그래서 지역 경제 활성화에, 또 우리 대구를 홍보하는 효과에 배드민턴이 큰 역할을 할 수 있다면 좋겠습니다.

정일균 대회라는 게 단순히 열려서가 아니라 우리가 계속 얘기 나눈 대로 여러 가지 효과들이 있거든요. 도시 분위기도 바꿀 수 있고요. 배드민턴이, 충분히 그런 역할을 할 수 있다는 데 저도 적극 공감합니다.

정승호 꼭 배드민턴이 아니어도 됩니다. 많은 분들이 생활체육을 통해서 건강하고 즐겁게 일상을 보내시면 좋겠습니다. 배드민턴을 하시면 더 좋고요. (웃음) 정말 좋은 운동입니다.

정일균 저도 바로 배드민턴을 시작해야겠는데요? (웃음) 오늘 회장님 말씀을 들으면서, 앞으로 대구가 '배드민턴 도시'로 자리 잡을 수도 있겠다는 생각이 들었습니다. 저 역시 의회 활동을 하면서 체육 종목을 직접 다루고 있기 때문에 누구보다 잘 알고 있습니다. 대구시와 각 구·군 차원에서 생활체육 발전을 위해 해야 할 일들이 진짜 많아요.

무엇보다 중요한 건 리더십이라고 생각합니다. 협회장 한 분이 어떤 비전과 의지를 가지고 있느냐에 따라 그 종목의 분위기와 방향이 크게 달라지기 때문입니다. 그런 점에서 회장님은 다른 협회장님들에 비해 비교적 젊고, 분명한 문제의식과 의욕을 갖고 계신 분이라고 느꼈습니다. 회장님 재임 기간 동안 의미 있는 성과들을 만들어 주시길 기대하겠습니다. 물론 저 역시 의회에서 할 수 있는 역할을 다하면서 옆에서 함께 돕겠습니다.

정승호 아이고 감사합니다. 대구 배드민턴은 물론이고, 대구 전체 생활체육이 한 단계 더 발전할 수 있도록 함께 노력했으면 좋겠습니다.

정해명

내부모요양돌봄타운 원장
한국노인장기요양기관협회 대구지부 부회장
수성구 체육회 부회장
前 지산1동 주민자치위원회 위원장

부모는 어느 날 갑자기 늙는다. 전화기 너머로 느려진 말투, 자주 반복되는 같은 질문, 혼자 두기에는 불안해진 하루…. 그 순간부터 노인 요양은 남의 이야기가 아니라, 우리 집의 이야기가 된다. 늙은 부모를 돌보는 문제는 이미 우리 사회 전체가 함께 마주한 과제가 됐다. 평균 수명은 늘어났고, 노후의 시간은 길어졌다. 부모를 집에 모실 것인가, 도움을 어디까지 요청할 것인가, 가족은 어디까지 감당할 수 있는가….

돌봄은 미래의 문제가 아니라, 도착해 버린 현실이다. 수성구 역시 예외는 아니다. 주거와 교육 여건이 안정된 지역이라는 평가 뒤에는, 급속히 늘어나는 노인 인구와 돌봄 공백이라는 과제가 동시에 놓여있다. 그리고 그 부담은 온전히, 여전히, 개인과 가족에게 맡겨져 있다. 아이 키우기 좋은 도시를 말하면서, 노후를 맡길 수 없는 도시는 온전한 공동체라 할 수 없다. 돌봄을 행정의 언어로만 다루지 않고, 외주화하지 않는 도시. 심각한 노인 돌봄 문제에 처한 지금, 우리 앞에 구현되어야 할 도시의 모습이다.

정해명 원장은 그 현실이 가장 먼저 닿는 곳에서 일하고 있다. 정책 문서나 통계가 아닌, 하루하루 돌봄이 필요한 어르신과 그 가족들의 얼굴을 가장 가까운 거리에서 보고 있는 사람이다. 돌봄 정책의 수혜자나 관찰자가 아니라, 돌봄이 작동하지 않을 때 어떤 일이 벌어지는지를 매일 확인하는 현장의 책임자. 그는 요양과 재활, 돌봄이 분절될 때 노인은 물론 가족이 감당해야 할 비용과 고통을 누구보다 구체적으로 알고 있을 것이다.

요양과 돌봄은 더 이상 특정 계층의 문제가 아니다. 부모를 모시며 일터와 병원을 오가는 중년 세대의 고단함, 돌봄 부담 앞에서 미래를 미루는 청년들, 그리고 존엄한 노후를 바라는 노인들의 목소리가 동시에 만나는 지점이다. 돌봄 정책은 흔히 복지의 영역으로 분류되지만 사실은 삶의 지속 가능성을 묻는 정치의 핵심이다. 그래서 돌봄 정책은 단순한 복지 서비스가 아니라 사회적 자본의 축적이며, 고령자뿐 아니라 가족, 노동시장, 지역 공동체의 지속 가능성을 담보하는 최상위의 필요조건, 아니 '필요충분조건'인 것이다.

정일균 수성구 지산동에서 내부모요양돌봄타운을 운영하고 계시고, 연호동에서 재활타운을 운영하고 계시는데 어떤 곳들인지 소개 좀 먼저 해주시죠.

정해명 지산동에 있는 내부모요양돌봄타운과 재가센터는 입소하신 어르신들을 돌보는 것은 물론, 낮 동안 어르신을 모셔와 돌봐드린 후에 다시 댁으로 모셔다드리는 주간보호 서비스를 병행하고 있습니다. 또 단기보호 프로그램도 운영하고 있는데요. 여름 휴가철처럼 가족이 잠시 집을 비워야 해서 어르신을 혼자 두기 힘들 때 저희가 모셔서 돌봐드리고 있습니다.

여기에 더해, 요양보호사가 어르신 댁을 직접 방문해 돌봄을 제공하는 방문요양 서비스까지 함께 운영하고 있습니다. 연호동에 위치한 재활타운은 재활에 중점을 둔 시설입니다. 물리치료사들이 중심이 돼 어르신들의 신체 기능을 조금이라도 더 회복하고 유지할 수 있도록, 재활 중심의 돌봄을 제공하고 있습니다.

정일균 제가 듣기로는 그냥 봉사 활동을 하시다가 이렇게 요양 쪽, 사업이라고 해도 되겠죠? 요양 사업을 하시게 됐다고요?

정해명 맞습니다. 그동안은 평범한 주부로서 아이들을 잘 키우는 데 온전히 집중해 왔습니다. 직장 생활보다는 육아를 선택했고, 아이가 어느 정도 자라자 비로소 제 시간에 여유가 생기기 시작했습니다. 그 무렵 자연스럽게 봉사 활동에 참여하게 됐습니다.

처음 시작한 봉사는 어르신 가정을 직접 찾아가 도시락을 전달하는 일이었습니다. 봉사를 갈 때마다 어르신들은 제 손을 꼭 붙잡고 "조금만 더 있다 가라"고 하셨습니다. 그 한마디에 외로움이 얼마나 깊은지 고스란히 느껴졌습니다. 건강 상태도 좋지 않은데, 돌봐줄 사람조차 마땅치 않은 현실이 더욱 마음에 걸렸습니다. 그때 우리 사회에 생각보다 훨씬 큰 돌봄의 공백이 존재한다는 사실을 절감하게 됐습니다.

이분들에게 조금이라도 더 실질적인 도움을 드릴 수 있는 방법을 고민하던 시점에, 마침 장기요양 제도가 막 도입되기 시작했습니다. 도시락 봉사를 하며 운영에 필요한 비용 일부를 사비로 부담하기도 했지만, 어르신들에게 필요한 서비스가 제공되면서 동시에 일정한 수익 구조도 가능하다는 점을 알게 됐습니다. 봉사로만 끝나는 것이 아니라, 지속 가능한 돌봄으로 이어질 수 있겠다는 가능성을 본 겁니다. 그렇게 개인적인 봉사에서 출발한 일이, 돌봄과 운영을 함께 고민하는 지금의 길로 자연스럽게 이어지게 됐습니다.

정일균 원장님께서는 현재 한국노인장기요양기관협회 대구지부에서 부회장으로 활동하고 계신데요. 협회 차원에서 특히 중점을 두고 있는 분야나 과제가 있다면 말씀해 주시겠습니까?

정해명 한국노인장기요양기관협회는 요양기관을 운영하는 원장들로 구성된 법정 단체입니다. 협회 활동을 하면서 가장 중요하게 두는 것은, 개별 기관이 아니라 모든 기관이 함께 안정적으로 운영되는 환경을 만드는 것입니다.

요즘 언론이나 미디어를 통해 장기요양과 관련된 부정적인 소식들이 간간이 전해지는데 그런 일이 발생할 때마다 협회 차원에서는 이를 계기로 운영 전반을 점검하고 개선하려는 노력을 이어가고 있습니다. 결국 일부의 문제가 전

체에 대한 불신으로 이어지지 않도록, 장기요양기관장 모두가 책임감을 가지고 운영해야 한다는 데 뜻을 모으고 있습니다. 이를 통해 보호자들이 부모님을 안심하고 맡길 수 있고 어르신들 역시 안전하고 편안하게 돌봄을 받을 수 있는 기관으로 자리 잡는 것, 그것이 협회 활동의 가장 큰 목표라고 생각합니다.

정일균 무슨 일이든 보람과 어려움은 동전의 양면처럼 존재하죠. 이 어르신 요양 관련 일은 더 그럴 것 같거든요? 내 부모 모시기도 힘든데, 아무리 사업이라지만 얼마나 힘들겠습니까? 한편으로는 엄청나게 힘든 일인 만큼 보람 또한 비례해서 클 것 같기도 하고요. (웃음)

정해명 가장 큰 보람은 역시 어르신들 상태가 호전될 때입니다. 건강이 조금이라도 좋아지는 모습을 보면 그때가

가장 행복합니다. 또 어르신들이 만날 때마다 "우리 아들이 해주나, 딸이 해주나. 참 고맙다"라고 말씀하실 때가 있어요. 그 한마디가 이 일을 계속하게 만드는 힘인 것 같습니다. 가끔은 보호자분들께서 고맙다는 마음을 담아 손 편지를 보내주시기도 하는데요. 그럴 때마다 이 일이 얼마나 의미 있는 일인지 다시 느끼게 됩니다.

어려운 점도 분명 있습니다. 어르신들 대부분이 지병을 가지고 계시다 보니 혈전용해제 같은 약을 복용하시는 경우가 많습니다. 이런 약을 드시면 작은 충격에도 멍이 쉽게 드는데 그럴 때 보호자분들께서 상황을 오해하시고 멍이 든 부분에 대해 문제를 제기하시는 경우가 있어요. 억울하고 속상할 수밖에 없죠. 또 저희 센터에서는 재활을 중점으로 돌봄을 하다 보니 실제로 걷지 못하시던 분이 다시 걸을 수 있게 되는 사례가 많습니다. 그러다 보니 어르신들의 활동량이 늘어나면서 혼자 이동하다가 낙상 사고로 이어지는 경우가 더러 생기거든요? 그럴 때도 그 책임이나 원망이 저희에게 돌아옵니다. 물론, 더 완벽하게 돌봐드리지 못한 저희 불찰도 있지만 낙상 사고를 계기로 과도한 책임을 요구하거나 금전적인 문제를 제기하는 상황이 생길 때는 그 힘겨움을 말로 표현할 수가 없어요. 일대일 돌봄을 할 수 없는 현실적인 문제도 있고…. 가장 힘든 순간들이죠.

정일균 그런 부분은 시간이 지나도 해결하기 어려운 부분이겠네요. 그럼에도 불구하고 '내가 이 일을 하길 참 잘했구나' 싶을 때는 없습니까? (웃음)

정해명 저는 이미 부모님을 모두 떠나보냈습니다. 그래서 어르신들을 모실 때마다, 부모님께 충분히 잘해드리지 못했던 마음을 돌아보게 돼요. 그런 마음으로 어르신들을 모시다 보니 이 일을 선택하길 참 잘했다는 생각이 들 때가 많습니다. 개인적으로는, 어르신들을 잘 모시는 일이 제 삶에서도 복을 짓는 일이라고 생각합니다. 어르신들께 계절에 맞는 맛있는 음식을 해드리거나 특별한 프로그램을 준비했을 때 환하게 웃고 즐거워하시는 모습을 보면 모든 어려움들이 눈 녹듯이 사라져요.

정일균 '이 일이 나한테 잘 맞는구나' 이런 생각을 하신다는 거죠?

정해명 네, 그렇죠. 가끔은 이곳에서 호스피스를 원하셔서 임종을 맞이하시는 경우도 있습니다. 그럴 때 보호자분들께서 "정말 편안하게 잘 모셔주셨다"고 말씀해 주시면 마음이 따뜻해집니다. 실제 사례로, 한번은 어떤 수녀님께서 세 장이나 되는 장문의 손 편지를 보내주신 적도 있었어요. 그럴 때는 저절로 힘이 나죠.

정일균 힘든 일을 하시면서 보람을 많이 느끼신다는 말씀에 제 마음도 따뜻해집니다. 부모님을 집에서 모시다가 요양기관에 보내면 불효처럼 여기는 인식이 사실 강했는데. 최근에는 그런 인식도 많이 달라지고 있는 것 같습니다.

정해명 그렇죠. 요양원에 부모님을 모시는 것을 마치 부모님을 버리는 것처럼 여기는 시각이 아직도 존재해요. 사실, 자식들 마음이야 당연히 그럴 수밖에 없죠. 실제로 요양원에 부모님을 모셔와서 쉽게 발길을 떼지 못하는 자녀분들이 많아요.

정일균 부모님을 요양원에 두고 집으로 가야 하는 자식들 마음은 겪어보지 않으면 정말 모릅니다. 그래서 요양시설들이 그런 마음들을 더 믿음직하게 다독여 줘야 되는 거고요.

정해명 '전문적인 돌봄'이라고 생각하시면 마음이 조금 가벼워지실 겁니다. 간호사, 물리치료사, 요양보호사 등

전문 인력이 상주하고 있기 때문에 가정에서는 감당하기 어려운 치매나 중풍 같은 만성 질환을 24시간 체계적으로 돌봐드릴 수 있습니다.

또 하나는 정서적인 부분입니다. 집에 혼자 계시면 하루 종일 TV만 보며 시간을 보내는 경우가 많지만 요양시설에서는 비슷한 연령대의 어르신들과 자연스럽게 담소를 나누고, 인지 프로그램이나 신체 활동, 사회 적응 프로그램 등에 참여하면서 고립감을 많이 줄일 수 있습니다. 그리고 무엇보다 중요한 건 '안전' 입니다. 가정에서는 보호자가 잠시만 자리를 비워도 낙상이나 사고 위험이 생길 수 있는데, 기관에서는 그런 상황에 즉각 대응할 수 있고 응급 처치도 바로 가능합니다. 이 점은 보호자분들께서 가장 크게 안심하시는 부분이기도 합니다.

현실적으로 자녀들이 직장 생활과 육아, 가사를 병행하면서 부모님까지 온전히 모신다는 건 쉽지 않은 일입니다. 그런 상황에서 요양기관이 일정 부분 역할을 나눠 맡아드림으로써 가족의 부담을 덜어드리고, 결과적으로 자녀와 어르신 모두의 삶의 질을 높일 수 있다고 생각합니다. 물론 앞서 말씀드린 것처럼, 사회적인 인식 때문에 요양시설을 이용하는 것을 마치 불효를 저지르는 것처럼 인식하는 시선도 아직은 남아있습니다. 하지만 집에서 모시는 것과는 방식이 다를 뿐, 요양기관에 모신다고 해서 불효라고 보지는 않습니다. 자주 면회를 오시고, 주말에는 모시고 나가 식사나 나들이를 함께 하신다면, 그것 역시 충분히 부모님을 잘 모시는 한 방식이라고 생각합니다.

정일균 불효를 짓는 듯한 자녀들의 자책감도 있지만, 사실 어르신들 스스로도 버림받는 느낌을 받으시거든요.

정해명 물론 처음에는 상실감으로 힘들어들 하셨죠. 하지만 생활하면서 느끼시는 것 같아요. "여기 오길 정말 잘했다" "집에만 있었으면 하루가 얼마나 심심했겠느냐" "여기와서는 새로운 것도 배우고 재미있게 놀 수 있어서 좋다"고들 하시죠. 또 처음에는 다들 운동하기를 싫어하시더라고요. 그런데 꾸준히 재활 운동을 하시게 했더니 예전에는 걷지 못하던 몸이 지금은 보조 도구를 이용해서라도 걷게 됐다고 고마워하십니다.

정일균 요양센터의 장점을 생각하면서 이제는 긍정적으로 인식들을 하셨으면 좋겠네요.

정해명 맞습니다. 실제 사례도 하나 있는데요. 영남대학교 교수님이셨던 분이 계셨어요. 인지는 또렷하신데 허리가 많이 안 좋아서 걷지를 못하시고 휠체어 생활을 하고 계셨죠. 그러다 저희 기관에 입소를 하셨는데, 생신 잔치 때 제가 교수님께 한말씀 해달라고 부탁을 드렸거든요. 그랬더니 교수님께서 이런 말씀을 하셨어요. "여기가 바로 지상천국이다. 이렇게 잘해주는 곳이 있다는 걸 진작 알았더라면, 자녀들이 '아버지 요양원 가십시다' 할 때 그렇게 싫다고 안 했을 거다" 이 사례 하나가 돌봄서비스의 의미를 그대로 보여준다고 생각해요.

정일균 결국 저는 이 모든 것의 중심에 돌봄을 받는 어르신들의 생각과 마음이 있다고 봅니다. 어르신들 스스로가 '잘 왔다' '편안하다' 고 느끼신다면 그 자체만으로 이 공간의 의미는 충분한 것 아니겠습니까? 그렇다면 원장님께서는, 우리 대구 지역 노인 장기요양 서비스의 현 주소를 어떻게 진단하고 계십니까?

정해명 타 지역과 비교했을 때 대구는, 노인 장기 요양 서비스의 형태가 상당히 다양하게 구축돼 있는 편입니다. 통계적으로 봐도 요양시설을 비롯해 주간 보호, 방문 요양, 맞춤 돌봄 서비스, 기억학교, 단기 보호까지 비교적 고르게 운영되고 있습니다. 가까운 부산만 보더라도 요양시설 자체가 많이 부족한 상황인데 대구는 서비스 유형이 한쪽으로 치우치지 않고 전반적으로 분포가 잘 이뤄져 있다는 점이 강점입니다. 치매안심센터를 중심으로 한 프로그램도 비교적 잘 마련돼 있고요.
다만 아쉬운 점이 있다면 수도권에 집중돼 있는 실버타운처럼 주거와 돌봄이 결합된 시설은 아직 부족하다는 점입니다. 그 부분을 제외하면 우리 대구의 노인 장기요양과 관련한 인프라가 전반적으로 잘 구축돼 있다고 개인적으로 평가하고 있습니다.

정일균 사실, 대구가 비교적 일찍 돌봄 정책을 마련하고 인프라를 갖추면서 '돌봄 선도 도시' 라는 평가를 받았었거든요? 그런데 최근 들어서 다른 지역들이 워낙 빠르게 따라오다 보니 상대적으로 뒤처지고 있다는 느낌이 듭니다. 그래서 지금이야말로 그동안의 성과에 안주하지 않고, 다시 한번 꼼꼼하게 점검하고 챙겨야 할 시점이라고 생각됩니다. 그런 의미에서 원장님, 요양시설이나 재활센터 등 현장에서 공통적으로 체감하는 가장 큰 문제는 무엇이라고 보시는지요?

정해명 가장 큰 문제는 결국 인력 부족입니다. 저희 기관만 해도 요양보호사 한 분이 어르신 두 분 정도를 돌보는, 이른바 2대1 구조로 운영되고 있는데요. 연차나 휴무가 겹치면 한 명의 요양보호사가 여러 어르신을 동시에 돌봐야 하는 상황이 생깁니다. 업무 부담이 커질 수밖에 없죠. 그러다 보니 젊은 분들은 이 일을 선뜻 선택하지 않으려 하고 그렇다고 급여가 충분히 높은 것도 아니다 보니 인력 수급이 계속 어려운 구조입니다.

사실 이 문제는 남의 일이 아니거든요. 의원님 세대나 제 세대가 앞으로 어디에서, 누구의 돌봄을 받아야 할지와도 직결된 과제라고 생각합니다. 실제로 제가 아는 기관들 가운데는, 입소 대기 중인 어르신들은 계신데 요양보호사를 구하지 못해서 서비스를 시작하지 못하는 곳도 있습니다. 현실에 비해 낮은 수가 구조 때문에 기관 운영 자체가 버거운 경우도 많고요. 반면 보호자들의 기대 수준은 계속 높아지고 있거든요? 그런데 제도가 그 속도를 다 따라가지 못하는 거예요. 특히 사회복지사들의 경우에는 행정 업무가 지나치게 많다 보니 현장에서 많이 지치기 마련입니다.

서류 업무는 또 얼마나 많은지, 서류 업무에 매달리다 이 직하는 경우도 많습니다.

이런 문제들을 풀기 위해서는 결국 인력 처우 개선과 수가의 현실화가 가장 중요하다고 봅니다. 여기에 더해 행정 부담을 조금이라도 덜어주는 제도적 보완, 가족과의 소통 강화, 돌봄에 대한 사회적 인식 개선, 그리고 충분한 공간을 확보해서 맞춤형 프로그램을 운영할 수 있는 여건까지 함께 마련돼야 하지 않을까 생각합니다.

정일균 말씀을 듣다 보니, 결국 현장에서 가장 크게 체감되는 문제는 요양보호사 처우와 수가 문제인 것 같습니다. 이런 부분들이 제도적으로 조금 더 개선되는 데 저도 힘을 보태겠습니다. 사실, 대구만의 문제가 아니라 우리나라 전체가 굉장히 빠른 속도로 고령화사회로 접어들고 있지 않습니까? 이런 흐름 속에서 장기 요양 서비스에 대한 수요도 계속 변하고 있는데요. 원장님께서는 이런 변화에 어떻게 대응하고 계신지요?

정해명 대구는 2025년 6월을 기점으로 노인 인구 비율이 21%를 넘어서면서 초고령사회에 접어들었습니다. 특히 베이비부머 세대가 이른바 '신노년층'으로 진입하면서 예전과는 확연히 다른 변화가 느껴집니다. 이분들은 개성도 뚜렷하고 요구도 다양하게 하십니다. 그래서 요양 기관에 입소하시더라도 단순히 돌봄을 받는 공간이 아니라 하나의 사회생활 공간으로서의 역할을 확보해드려야 한다고 생각합니다. 개인의 성향과 삶의 이력을 고려해 맞춤형 돌봄 계획을 세운다면, 어르신들도 훨씬 편안하게 서비스를 받아들이실 수 있고 전반적인 운영 역시 더 원활해질 수 있을 것이라고 봅니다.

정일균 사회적인 공간으로서의 역할을 해야 한다는 말이 든든하면서도 안심이 됩니다. 한편으로는 시설의 고급화도 필요하지 않을까 싶습니다.

정해명 당연합니다. 제가 지산동에서 요양원을 운영할 때는 당시 환경상 4인실 위주로 운영할 수밖에 없었습니다. 하지만 연호동에 재활타운을 새로 준비하면서는 처음 설계 단계부터 방향을 조금 달리 잡았습니다. 1인실과 2인실, VIP실 등을 중심으로 구성해 어르신 개개인의 사생활과 사회적 공간을 최대한 보장하고, 각자의 생활 방식과 개성을 존중할 수 있도록 한 겁니다. 그렇게 공간을 구성하다 보니 어르신들의 생활 만족도도 확실히 높아졌고, 보호자들의 신뢰 역시 자연스럽게 따라왔다고 느끼고 있습니다. 저뿐만 아니라, 그렇게 운영하는 요양시설들이 많아지고 있어서 고무적입니다.

정일균 노인 요양이나 재활 서비스가 지역사회에 기여하는 사회적 가치는 뭐라고 생각하십니까?

정해명 요양시설은 단순히 어르신을 돌보는 공간을 넘어

노인의 건강 유지와 삶의 질 향상에 중요한 역할을 합니다. 치매나 만성질환을 체계적으로 관리해 가족 돌봄의 부담을 덜어주고 공공 보건과의 연계나 지역사회 안전망을 구축하는 데에도 기여하고 있습니다.

또 하나 빼놓을 수 없는 부분이 있는데 고용 창출입니다. 요양시설에는 요양보호사, 간호사, 물리치료사 등 많은 인력이 필요하죠. 당연히, 지역 일자리를 만들어서 고용 창출에 도움이 되고 나아가 지역 경제 활성화에도 도움이 됩니다. 이런 점에서 요양시설은 고령화 사회에 대응하는 핵심 인프라라고 할 수 있을 겁니다.

정일균 단순한 돌봄 제공을 넘어 건강 · 복지 · 경제 · 사회 전반에 영향을 미치는 중요한 역할을 하고 있다는 데에 저 역시 공감합니다. 그런 의미에서 가장 중요한 질문이 되지 않을까 싶은데요. 재활 요양 서비스를 운영하는 기관 입장에서 중앙 정부나 지자체 정부 지원이라든가 제도 개선이 가장 필요한 부분은 뭐라고 생각하십니까?

정해명 꽤 많습니다만 무엇보다도 가장 시급한 건 인력 지원입니다. 요양 현장은 결국 사람이 하는 일인데 인력 부족 문제는 갈수록 심각해지고 있습니다. 여기에 자동화 시스템 도입이나 직원 처우 개선도 반드시 함께 가야 하고요. 개인 시설의 감가상각비 문제나 돌봄에 필요한 장비 지원 역시 현실적으로 고려돼야 할 부분입니다.

또 하나는 서비스 단가의 현실화입니다. 지금의 수가 체계로는 질 높은 서비스를 유지하는 데 한계가 있습니다. 평가 지표 역시 현장의 실제 상황을 더 잘 반영할 수 있도록 개선될 필요가 있고, 불필요하게 과중한 행정 업무는 간소화됐으면 좋겠습니다. 결국 제도 전반이 현장의 목소리와 사회적 욕구를 좀 더 유연하게 담아낼 수 있어야 한다고 생각합니다.

정일균 협회 차원에서 이런 제도 개선을 위해서 노력하고 계시죠?

정해명 사실 이 인터뷰에 응한 것도 의원님께 꼭 한 가지 부탁을 드릴 기회를 갖기 위해섭니다. 지금 현장에서 가장 시급한 문제는 예산으로 지원되는 종사자 처우 개선입니다. 요양보호사 등 종사자 수당 지원을 조금이라도 인상해 주셨으면 하는 바람이 있습니다.

현재 대구시는 전체 기관을 평가해서 우수기관이나 최우수기관으로 선정된 요양시설에만 월 6만 원을 지원하고 있습니다. 그런데 타 시·도를 보면 최대 25만 원까지 지원하는 곳도 있거든요? 우리 수성구와 가까운 경산만 해도 14만 원을 지원하고 있습니다. 제가 있는 이곳은 다리 하나만 건너면 바로 경산시잖아요? 인력 채용 공고를 내면 저희에게 오겠습니까, 경산시로 가겠습니까? 다리 하나만 건너가면 두 배 더 받는데…. 이 14만 원의 지원금은 경산뿐만 아니라 경북지역에서 모두 동일하게 지원되는 액수입니다.

대구의 경우, 6만 원 지원금마저도, 예산이 부족하다는 이유로 지원이 끊길 상황에 놓여 있는 게 지금의 현실입니다. 그래서 의원님께서 이런 부분에 조금만 더 힘을 써주셔서, 종사자 처우 개선 예산이 안정적으로 편성될 수 있도록 도와주셨으면 하는 간곡한 부탁을 드리고 싶습니다.

정일균 우리 지역은 우수 등급, 최우수 등급을 받아야 지원이 되는데, 경산이나 타 시도는 그냥 다 주고 있다고요?

정해명 네, 그냥 다 주고 있습니다. 대구시 재정이 어렵다는 이야기는 충분히 듣고 있지만 경산보다는 낫지 않을까 싶은데요.

정일균 경산보다 낫지 않습니다. (웃음) 복지 분야에서 이렇게 격차가 크게 벌어지면, 그 영향이 결국 돌봄을 받는 분들께 그대로 돌아가게 되죠. 그래서 이런 부분은 최소한의 수준이라도 어느 정도 맞춰줄 필요가 있는데, 실제로 현장을 다니다 보면 많은 원장님들께서 이구동성으로 말씀하시는 게 종사자 처우 문제더라고요. 조사를 좀 철저히 해서 제가 이 부분은 어떻게든 좀 바꿀 수 있도록 열심히 노력해 보겠습니다.

정해명 그리고 두 번째로 꼭 말씀드리고 싶은 게 있습니다. 노인 인구는 계속 늘어나고 있는데, 그에 비해 시민의식은 아직 따라오질 못하고 있습니다. 요양시설을 짓겠다고 하면 여전히 '혐오시설'로 보는 시선이 강해서 주민 민원이 먼저 들어옵니다. 결국 인허가 자체가 막히는 경우도 적지 않습니다. 실제로 공사를 하다가 중단된 기관들도 있고요.

제가 속해 있는 수성구만의 경우, 주민 한 명이라도 반대하면 시설 인가를 내주지 않겠다는 조례가 있을 정도입니다. 이런 상황이 계속된다면 머지않아 일본처럼 요양시설 입소 대기를 걸어놓고 기다리다가 결국 시설에 들어가지 못한 채 생을 마감하는 시대가 오지 않을까 하는 우려도 듭니다.

아파트를 신축할 때 택지를 개발하면 어린이집 부지를 의무적으로 확보하듯이 요양시설 역시 앞으로는 지역 안에서 함께 가야 할 필수 시설로 인식되어야 합니다. 주민 의견을 충분히 수렴하되, 일정한 조건 아래에서는 규제를 완화해 주는 방향도 함께 고민해 주셨으면 하는 바람입니다.

정일균 저도 몰랐던 부분이네요. 한 명만 반대해도 인가를 내주지 않는 조례가 있다고요?

정해명 그렇게 알고 있습니다. 집집마다 다니면서 도장을 받아야 할 정도로요.

정일균 놀랍네요. 아니, 어린이집 짓는 건 그렇지 않잖아요.

정해명 그러니까요. 결국은 우리 모두 나이 들면 가야 할 곳이고 일상과 가까이 있어야 할 시설임에도 불구하고 그런 인식들이 너무 강합니다. 저 역시 이곳 인가를 받을 때 주민 반대로 거의 1년 가까이 큰 어려움을 겪었습니다.

정일균 근처에 이런 시설이 있으면 주민들한테 큰 도움이 될 텐데 안타깝습니다.

정해명 그래도 희망적인 건, 처음에 반대하셨던 어르신들께서 지금은 미안해하신다는 거. "그때 우리가 왜 그렇게 반대했는지 모르겠다" "이렇게 좋은 기관이 들어와서 봉사도 많이 해주는데 미안하다"고 말씀하시거든요. 그런 이야기를 들을 때마다 마음이 참 복잡해지죠. 물론 인식 개선을 위해서 여러 노력이 필요하겠지만 행정에서도 캠페인 등을 통해 시민 인식을 바꾸는 데 더 적극적으로 나서야 한다고 생각합니다. 정말 꼭 필요한 부분입니다.

정일균 저도, 원장님도 사실 더 나이 들면 이용해야 할 시설들인데 말이죠.

정해명 멀지 않습니다. (웃음)

정일균 원장님, 지역사회와 연계해 노인 돌봄을 더 넓히기 위해서는 어떤 협력 구조가 필요하다고 보십니까? 지자체나 요양기관, 의료기관 등이 어떤 방식으로 함께 협력해

나가야 할까요?

정해명 정책과 재정 지원을 기본으로 하고 보건소와도 연계해서 함께 가야 한다고 봅니다. 현재 요양 돌봄 서비스의 약 80%를 민간 기관이 담당하고 있는 만큼 지자체와 민간이 따로 움직이기보다는 함께 가는 구조가 필요합니다. 요양시설과 돌봄 서비스가 지자체와 유기적으로 연결된 '돌봄 네트워크'를 구축해야 합니다. 그래야 어르신 한 분한 분에게 맞춤형으로 통합 지원을 할 수 있습니다.

정일균 지금 3차 5개년 계획안에도 장기 요양 분야에서 '통합 돌봄 서비스'가 포함돼 있지 않습니까?

정해명 맞습니다. 의원님도 공감하셨다시피 이 사업은 민간을 배제하고는 사실상 추진 자체가 어렵습니다. 그럼에도 불구하고 일부 지자체에서는, 민간과 함께 가는 방법들을 외면한 채 법인 시설이나 복지관 중심으로만 연계하겠다는 이야기가 나와서 현장의 걱정이 큽니다.
예를 들어 어르신이 주간보호센터를 이용하고, 필요하면 방문 요양까지 자연스럽게 연계가 돼야 진짜 통합 돌봄이 가능하다고 보거든요. 이런 구조는 민간 기관과 손을 잡지 않고서는 만들어질 수 없습니다. 결국 공공과 민간이 역할을 나누고 협력하면서 함께 가야 통합 돌봄의 취지에 맞는 서비스가 이루어질 수 있지 않을까, 저는 그렇게 생각합니다.

정일균 대구라는 지역적 특성을 고려했을 때, 다른 도시들과 차별화할 수 있는 노인 돌봄 전략이 있다면 어떤 점에 주목해야 한다고 보시는지요?

정해명 대구시에 꼭 부탁드리고 싶은 부분이 있습니다. 현재 '나드리콜'은 주로 장애인 중심으로 운영되고 있는데, 장기 요양 등급을 받으신 어르신들처럼 이동이 힘든 분들도 병원 진료나 외출이 필요할 때 이용할 수 있도록 제도화해 주면 좋겠다는 생각입니다. 또 보건소와 연계해서 이런 이동 지원이 자연스럽게 이어질 수 있다면 훨씬 도움이 될 것 같고요.
아울러 복지관의 운동 시설을 더 확충해서 어르신들이 일상적으로 건강을 관리할 수 있는 환경을 만들어 드리고, 요즘 말하는 '스마트 돌봄'처럼 스마트폰이나 ICT를 활용한 지원도 함께 고민했으면 합니다. 여기에 자원봉사자 연계를 통한 돌봄까지 더해진다면 좋겠고요.
마지막으로 민간 요양시설과도 적극적으로 연계해서 아직 제도 안으로 들어오지 못한 사각지대의 어르신들을 함께 발굴하고 돌볼 수 있다면, 지역 전체가 함께 책임지는 돌봄 체계가 만들어지지 않을까 그렇게 생각합니다.

정일균 하아, 이게 정말 좋은 생각인데…. 현실적으로는 예산이 꽤 많이 들어가는 게 문제이긴 하네요. '나드리콜' 택시가 부족해서, 지금도 장애인분들 입장에서는 불만이 상당히 큰 상황이거든요.

정해명 조금 더 늘려서 꼭 좀 시행을 했으면 좋겠습니다.

정일균 아무튼 너무 좋은 아이디어라서 앞으로 충분히 검토해볼 만하다고 생각합니다. 원장님과의 인터뷰를 통해 저 역시 많이 배우는 시간이 됐습니다. 제가 시의원으로서 이런 인터뷰를 하는 이유도 결국은 현장의 목소리를 직접 듣고, 그 내용을 집행부에 전달해서 정책에 반영되도록 하는 데 있습니다. 그런 의미에서 원장님께서 시의원인 저에게 꼭 전하고 싶은 말씀이나, 마지막으로 당부하고 싶은 내용이 있다면 말씀해 주시겠습니까?

정해명 제가 옆에서 지켜봤는데, 의원님께서는 늘 발로 뛰면서 민원을 직접 챙기고 현장을 다니시더라고요. 그래서 저는 늘 박수를 보내고 있습니다. 단순한 의정 활동을 넘어서, 중재자이자 조정자, 또 감시자의 역할까지 함께 해주시면 좋겠다는 개인적인 바람도 있고요. 정기적으로 현장 간담회를 열거나 운영자와 종사자, 나아가 어르신들의 목소리까지 폭넓게 수렴해 주셨으면 합니다.
그렇게 현장의 이야기를 들으신 뒤에는, 개선이 필요한 부분들을 의정 활동에 우선적으로 반영해 주시고 조례나 지침을 만들 때도 불합리한 규제나 현실과 맞지 않는 부분들은 좀 더 신속하게 조정해 주셨으면 좋겠습니다. 그리고 결정권자에게 문제를 전달하는 데서 그치지 않고, 이후에 실제로 현장이 어떻게 바뀌었는지까지 모니터링해 주신다면 더할 나위 없을 것 같습니다. 그렇게 현장과 행정을 끝까지 이어주는 역할을 해주신다면, 저희로서는 큰 힘이 될 것이라고 생각합니다.

정일균 정말 제가 해야 할 역할을 하나하나 짚어주셨는데, 하나도 틀린 말씀이 없어서 더 감사한 마음이 듭니다. 사실 저도 그런 생각을 가지고 의정 활동을 하고는 있는데 막상 하다 보면 놓치는 부분도 생기고 끝까지 챙기지 못하는 부분도 계속 생기더라고요. 결국 시의원의 역할이라는 게 현장의 목소리를 제대로 듣고 정책에 반영하는데 있다고 보는데 부족하지 않도록 더 열심히 일하겠습니다. 지금까지 그래주신 것처럼 계속 지켜보시면서 응원해주십시오.
노인 돌봄·요양이 '시설의 문제'가 아니라, 가족과 지역사회가 함께 감당해야 할 과정이라는 것을 새삼 실감하면서 인터뷰를 마치겠습니다.

정해명 네. 시설을 지역 돌봄의 종착점이 아니라, 공동체가 개입해야 할 지점으로 바라봐 주셔야 됩니다.
인터뷰해 주서서 감사합니다.

최원자

힐스테이트엘포레어린이집 원장
황금2동 주민자치위원회 위원

대한민국의 출산율은 세계 최저 수준이다. 그 여파는 가장 기초적인 보육 현장에서 먼저 감지된다. 영유아 수 감소는 어린이집의 운영 구조를 흔들고, 보육 교직원의 고용 안정성과 전문성 확립을 어렵게 만든다. 그리고 더 나아가 지역 사회의 지속 가능성까지 위협한다. 특히 국공립 어린이집은 공공 보육의 최전선에서 부모들의 신뢰를 책임지는 한편, 행정규제·예산·노동 여건 등 복합적인 압박 속에서 안정적인 운영을 이어가기 위해 고군분투하고 있다.

최원자 힐스테이트엘포레어린이집 원장은 이러한 현실을 온몸으로 감당하며 꿋꿋하게 보육 현장을 지키고 있다. 그런 그와 어린이집 운영의 문제점과 향후 나아갈 방향에 대한 의견을 나눴다. 지역의 보육 인프라를 조성하고, 현장의 요구를 정책으로 연결하며, 장기적인 인구 구조 변화를 대비하는 일이 시급한데, 최원자 원장과의 인터뷰는 국공립 어린이집 원장과 지역 시의원이 한자리에 모여, 현장의 목소리와 정책적 시각을 함께 나눠본 유익한 대담이었다.

급격한 인구 감소 속에서 어린이집은 어떤 어려움에 직면해 있는지, 보육의 질을 지키기 위한 공공의 책임은 무엇인지, 그리고 지역 사회는 어떤 변화를 준비해야 하는지를 본격적으로 이야기해 본다.

정일균 원장님께서 운영하고 계신 어린이집의 규모와 특징, 보육 철학에 대해 소개해 주시겠습니까?

최원자 저희 국공립힐스테이트엘포레어린이집은 2022년 개원으로 0세부터 2세까지 42명의 원아들이 다니고 있고, 원장인 저를 포함해 총 13명의 교직원이 함께하고 있습니다. 저희는 '21세기에 맞는 몬테소리 교육을 통하여 아동이 집중력, 독립심, 자신감이 있는 사람으로 자라서 많은 사람들을 도와줄 수 있는 귀한 사람이 되도록 돕는 것'을 철학으로 삼고 있어요.

하루일과 속에 놀이 중심의 표준보육과정을 운영하면서도, 바깥놀이 · 자연탐방 · 감각 통합 활동 등을 균형 있게 배치해 아이들이 신체, 정서, 사회성 모두에서 고르게 발달할 수 있도록 돕습니다. 특히, 황금동 지역 특성상 부모님들의 교육열이 높은 만큼, 생활 속에서 창의력과 자기표현 능력을 키울 수 있는 활동을 할 수 있도록 지원하고 있습니다.

정일균 황금동 지역의 어린이집 현황과 특성이 다른 지역과 비교해 어떤 차이가 있다고 보십니까?

최원자 황금동은 교육 수준이 높고 맞벌이 가정 비율이 약 65%로 대구 평균보다 높은 편입니다. 그래서 단순히 '아이를 안전하게 맡기는 공간'을 넘어, 교육적 가치를 함께 제공하는 보육 환경을 부모님들이 기대하십니다. 다른

286

지역보다 영어, 음악, 미술 등 특성화 프로그램에 대한 수요가 많고, 체험학습이나 문화 활동에도 적극적이세요. 이런 특성 때문에 저희 어린이집도 부모님의 눈높이에 맞춰 프로그램을 구성하고, 아이들이 즐겁게 배우면서도 생활 습관과 인성을 함께 기를 수 있도록 노력하고 있습니다.

우리나라 어린이집은 운영 주체와 설치 형태에 따라 국공립·민간·가정·법인·직장·사회복지법인·법인단체·협동 어린이집 등으로 나뉜다. 각 형태는 설립 주체, 운영 방식, 비용 구조, 안정성 등에서 차이가 있다. 먼저 국공립 어린이집은 지방자치단체(구·시·군)에서 설치·운영하거나 시설을 지원해 운영하는 어린이집을 말한다. 공공성이 높고, 운영이 안정적이며, 보육료가 가장 저렴하고, 신뢰도가 높아 대기 수요가 많다. 그리고 교사 처우와 프로그램 질이 비교적 균형 있게 유지되는 편이다. 공공예산 지원과 투명한 운영 기준, 지역사회 중심의 보육 기능 등의 특징을 가진다.

민간 어린이집은 개인이 설치·운영하는 어린이집으로, 우리나라 전체 어린이집 중 가장 큰 비중을 차지한다. 시설·프로그램의 차이가 다양하며, 원장의 교육 철학에 따라 색깔이 강하다. 자율성이 크지만 운영 부담도 크고, 출산율 감소의 직격탄을 받는 분야이며, 정책에 따라 변동 보육료에 일부 자부담 발생 가능성이 있다는 특징이 있다.

가정 어린이집은 주택이나 공동주택 한 가구 단위에서 운영하는 어린이집을 말한다. 규모가 작고, 영아 중심으로 운

영되며, 0~2세 영아 보육 수요가 많을 때 급증했으나, 최근에는 감소 추세에 있다. 소규모로 아이 개별 케어가 잘 이루어질 수 있고, 가정적 분위기이지만 운영 안정성은 시설마다 차이가 크다는 특징이 있다.

법인·단체 어린이집은 사회복지법인, 비영리단체, 종교단체 등이 설치·운영하는 어린이집으로, 공공성과 안정성이 높은 편이며, 부모 만족도도 높다. 프로그램이 체계적이고, 안정적인 재정 기반과 국공립과 민간의 중간 성격이라는 특징이 있다.

직장(사업장) 어린이집은 기업, 공공기관 등이 직원 자녀 보육을 위해 설치한 어린이집으로, 최근 근로환경 개선 정책과 함께 꾸준히 증가하고 있다. 직장인의 양육 스트레스 감소, 양질의 보육 제공 가능, 국공립 수준의 지원이나 더 나은 서비스를 제공하기도 한다는 특징이 있다.

정일균 최근 몇 년간 출산율 저하가 이어지고 있습니다. 원장님이 체감하는 영유아 수 감소 추세는 어느 정도입니까?

최원자 체감이 상당합니다. 황금동 내 출생아 수가 2019년 420명에서 2024년 320명으로 약 24% 감소했으니, 어린이집 원아 수가 줄어드는 건 당연한 흐름입니다. 주변에 폐원하는 민간·가정 어린이집도 하나둘씩 늘고 있어, 현장에서 변화의 속도를 크게 느끼고 있습니다.

정일균 아동 수 감소가 어린이집 운영과 프로그램 구성에 어떤 변화를 가져왔습니까?

최원자 아직까지 저희 어린이집은 아동 수 감소가 직접적인 영향을 미치지 않고 있지만 만약 아이 수가 줄어든다면 반 구성 인원이 적어지다 보니 개별 맞춤형 교육이 가능해지고, 개별 발달 지원 활동의 비중이 높아지는 변화가 있을 것으로 예상합니다. 교사들이 아이 한 명 한 명을 더 깊이 이해하고 지원할 수 있는 여유가 생기게 되어 긍정적인 변화도 있으리라고 생각합니다.

정일균 저출산으로 인해 지역사회 전반, 특히 보육 현장에 어떤 장기적인 영향을 미칠 것으로 보십니까?

최원자 장기적으로는 어린이집 간 경쟁이 치열해지고, 원아 모집이 어려운 곳은 폐원 위기에 놓일 수 있습니다.

교사 일자리도 줄어들 가능성이 높습니다. 하지만 긍정적으로 보면, 남은 원아들에게 더 세심한 돌봄을 제공할 수 있고, 프로그램의 질을 높이는 방향으로 변화를 시도할 기회가 생기기도 합니다. 다만, 이런 변화를 뒷받침할 정책과 지원이 반드시 필요합니다.

정일균 현재 어린이집을 운영하면서 가장 큰 어려움은 무엇입니까?

최원자 현재로서는 큰 어려움은 없지만 한 가지를 생각해 보면 교사 채용 부분이 힘들지 않나 싶습니다. 쉽게 돈을 벌고 싶어 하는 시대이다 보니 보육교사라는 직업의 선호도도 줄어들고 있고 인건비에 대한 부담도 커지고 있습니다. 전체 예산의 약 68%가 인건비로 쓰이고 있고, 이는 보조금과 학부모 부담금만으로는 감당하기 어렵습니다.

정일균 보육교사 인력 수급 상황은 어떠한가요? 인력 안정성을 위해 필요한 지원은 무엇이라고 생각하십니까?

최원자 신규 교사 유입이 점점 줄고 있습니다. 낮은 급여와 높은 업무 강도 때문에 젊은 인력들이 다른 직종으로 눈을 돌리거든요. 인력 안정성을 위해서는 신규 교사에게는 6개월간 정부 인건비 보조 확대, 경력교사에게는 연간 50만~100만 원의 근속수당 지급 같은 인센티브 제도가 필요하다고 봅니다.

정일균 행정·평가·안전관리 등 법적·제도적 요구 사항이 늘어나는 상황에서, 현장에 부담이 되는 부분은 무엇입니까?

최원자 행정 업무가 늘어나면서 아이들과 함께하는 시간이 줄어드는 게 가장 안타깝습니다. 평가인증 준비, 안전점검, 각종 행정 보고까지 합치면 월 평균 30시간 이상을 서류와 컴퓨터 앞에서 보내게 됩니다. 현장의 본질은 '아이와 함께하는 시간'인데, 행정이 그 시간을 빼앗는 현실이 아쉽습니다.

정일균 학부모들의 요구나 기대 수준이 달라지고 있는지, 있다면 어떤 점에서 변화를 느끼십니까?

최원자 예전에는 글자·숫자 교육을 빨리 시작하길 원하셨다면, 최근에는 놀이와 체험 활동의 가치에 공감하고 적극적으로 지지해 주는 분이 많이 늘어난 것 같습니다. 또 엘포레만의 좋아교육 프로그램을 통해 부모님들께서 아이가 자신의 할 일을 스스로 하는 것에 대한 자신감을 가지고 성장해 나가는 모습에서 타 원에 다니는 친구들보다 엘포레 친구들이 말도 예쁘게 하고 자신감이 있다는 이야기를 해주시는 경우가 많습니다.

정일균 대구시나 수성구에서 현재 시행 중인 보육 관련 지원 정책 중 현장에서 체감도가 높은 것은 무엇입니까?

최원자 현장에서 가장 체감이 되는 건 급·간식비 지원과 연장보육료 지원입니다. 특히 황금동은 맞벌이 가정 비율이 높아서 연장보육 이용률이 40%를 넘습니다. 급·간식비 지원 덕분에 식단의 질을 유지할 수 있고, 연장보육료 지원은 부모님들의 부담을 줄여주는 효과가 있습니다. 이런 부분은 정책이 현장에서 잘 작동하고 있다고 느낍니다.

정일균 반대로, 실질적으로 도움이 되지 않거나 보완이 필요하다고 느끼는 제도나 지원은 무엇입니까?

최원자 시설 보수와 교사 처우 개선 지원은 여전히 부족합니다. 또 교사 급여 인상은 대부분 어린이집이 자체적으로 해결해야 하는 구조라, 장기근속 교사 유지가 쉽지 않습니다. 현장에서 바로 필요한 건 시설 안전 개선과 인건비 지원인데, 이 부분은 아직 갈 길이 멉니다.

정일균 황금동 지역 특성상 필요한 맞춤형 보육 정책이 있다면 어떤 것이 있을까요?

최원자 주말 가족 프로그램을 지원해 부모와 아이가 함께하며 질 높은 시간을 보낼 수 있도록 하는 것이 좋을 것 같습니다. 부모님들께서 아이들과 시간을 어떻게 보내면 좋을지 잘 모르시는 분들도 꽤 계시더라고요. 부모님들이 토요일 오전에 아이와 함께하는 미술 · 음악 · 체육 프로그램을 원하시는 경우가 많아, 지자체가 장소와 강사를 지원하면 활용도가 클 것입니다.

정일균 시의원으로서 어떤 정책적 · 행정적 지원을 우선적으로 추진해 주길 바라십니까?

최원자 가장 시급한 건 보육교사 급여 인상과 장기근속 인센티브 제도입니다. 현재 초임 교사 월급은 약 210만 원으로, 동일 학력 기준 다른 교직종 평균보다 15% 정도 낮습니다. 처우가 개선되지 않으면 우수 인력이 보육 현장을 떠날 수밖에 없습니다. 시 차원에서 장기근속 수당, 연간 교육비 지원, 복지 포인트 같은 실질적인 혜택을 마련해 주셨으면 합니다.

정일균 어린이집 원장으로서, 그리고 한 시민으로서 대구시의 저출산 대응 전략에 보완해야 할 점이 있다면 무엇입니까?

최원자 단순히 출산 장려금이나 일시적인 금전 지원보다, 부모님들이 실제로 아이를 키우는 과정에서 겪는 어려움을 줄여주는 실질적인 지원이 필요하다고 생각합니다. 특히 맞벌이 가정에서는 아이가 갑자기 열이 나거나 아플 때 가장 곤란합니다. 연차를 쓰거나 조퇴를 해야 하는데, 직장 분위기나 근무 환경이 이를 쉽게 허락하지 않는 경우가 많죠. 이런 상황에 대비해 아동 돌봄 서비스, 긴급 간호 휴가 확대, 직장 내 유연근무제 확산 같은 제도가 활성화돼야 합니다. 또, 육아휴직 제도가 있지만 실제 사용률은 여전히 낮습니다. 대체 인력 지원을 강화하고, 휴직 복귀후 근무 조정 제도를 마련해 부모들이 눈치 보지 않고 휴직을 사용할 수 있는 분위기를 만드는 것이 중요합니다. 이런 생활 밀착형 지원이야말로 저출산 문제 해결에 더 큰 도움이 된다고 생각합니다.

정일균 향후 보육 환경이 더 안정적이고 지속 가능하도록 만들기 위해, 의회 차원에서 어떤 역할을 해주면 좋겠다고 생각하십니까?

최원자 의회가 보육 현장의 목소리를 더 자주, 더 깊이 듣고 정책에 반영해 주셨으면 합니다. 단발성 지원이 아니라

5년, 10년을 내다본 장기 재정계획과 인프라 확충 계획이 필요합니다. 또, 현장에서 실질적으로 쓰일 수 있는 지원 예산을 확보하는 데 힘써주셔야 합니다.

정일균 현재 어린이집 운영비에서 정부·지자체 보조금과 학부모 부담금이 차지하는 비율은 어떻게 됩니까?

최원자 저희 어린이집은 정부·지자체 보조금이 약 72%, 학부모 부담금이 약 28% 정도입니다. 국공립이라 보조금 비율이 높은 편이지만, 인건비·급식비·프로그램비를 모두 감당하기엔 여전히 빠듯합니다.

정일균 표준보육과정(또는 누리과정) 운영에서 현실과 제도 간 괴리가 있다면 어떤 부분입니까?

최원자 표준보육과정은 모든 아이에게 동일하게 적용하는 구조지만, 실제로 아이들은 발달 속도와 흥미가 제각각입니다. 현장에서는 유연하게 조정해야 하지만, 평가나 행정 보고에서는 매뉴얼대로 운영해야 하다 보니 어려움이 있습니다.

정일균 보육 품질 평가(평가인증제 등)가 실제 현장 품질 개선에 어느 정도 기여한다고 보십니까? 형식적 절차에 그치는 부분은 없나요?

최원자 품질 평가는 분명 도움이 됩니다. 안전 기준, 교육 계획, 시설 점검 등 개선할 부분을 구체적으로 확인할 수 있으니까요. 하지만 준비 과정에서 서류 작업이 과도하고, 실제 수업보다 평가를 위한 형식적인 활동을 하는 경우도 있습니다. 평가인증 준비만 2~3개월이 소요돼 그 기간 동안 교사들의 피로도가 상당히 높아집니다.

정일균 보육교사의 근로 조건과 처우 개선을 위해 가장 시급한 조치는 무엇이라고 보십니까?

최원자 급여 인상과 휴게시간 보장이 가장 시급합니다. 특히 휴게시간은 법적으로 보장돼 있지만, 현실에서는 교사 대체 인력이 부족해 제대로 지켜지기 어렵습니다. 또 교사 대 아동 비율 조정이라고 생각합니다. 현재 법정 기준이 1세 반은 교사 1명당 아동 5명, 3세 반은 교사 1명당 아동 15명으로 되어있는데, 실제로 이 인원은 한 교사가 안전하게 돌보고 교육하기에는 어려움이 있습니다. 아이 한 명 한 명을 세심하게 살피고 개별 지도를 하기 위해서는 교사 대 아동 비율을 낮춰야 합니다. 비율이 줄어들면 교사의 업무 부담이 줄고, 휴게시간 보장과 교육 준비의 질도 함께 높아집니다. 무엇보다 아동 안전사고 예방과 정서적 안정에도 큰 도움이 되기 때문에, 단순 처우 개선 이상의 효과가 있다고 봅니다.

정일균 경력교사 유지를 위해 인센티브 제도가 필요하다고 생각하십니까? 필요하다면 어떤 형태가 적합하다고 보십니까?

최원자 반드시 필요합니다. 예를 들어 5년 이상 근속 시 연 100만 원, 10년 이상 근속 시 연 200만 원을 지급하는 장기근속수당 제도가 있으면 교사들의 이탈을 막는 데 큰 도움이 될 것입니다. 교육비 지원이나 자기계발비 지원도 효과적입니다.

정일균 신규 교사 유입이 어려운 원인은 무엇이며, 이를 해결하기 위한 현실적인 방안은 무엇이라고 생각하십니까?

최원자 낮은 급여, 과중한 업무, 사회적 인식 부족이 주요 원인입니다. 이를 해결하려면 실습과 취업을 연계하고, 초기 1년간 멘토 교사와 함께 근무하는 '신규 교사 정착 프로그램'을 운영하는 방법 등 초임 교사에 대한 적응 지원을 해준다면 이탈률을 크게 줄일 수 있지 않을까 생각합니다.

정일균 황금동 지역 내 아동·가정 지원 인프라는 충분하다고 보십니까? 부족하다면 어떤 확충이 필요합니까?

최원자 공원과 도서관 같은 기본 시설은 있지만, 영유아 전용 실내 놀이터나 부모 교육 공간은 부족합니다. 황금동은 겨울이나 여름에 야외 활동이 어려운 시기가 긴 편인데, 실내에서 안전하게 뛰어놀 수 있는 공간이 부족한 편인 것 같습니다.

정일균 저출산 시대에 어린이집의 역할이 단순 돌봄을 넘어 지역사회 아동 복지 허브로 확장될 수 있다고 보십니까?

최원자 충분히 가능합니다. 저출산 시대에는 어린이집이 단순히 아이를 돌보는 곳을 넘어, 지역사회 아동과 가정을 연결하는 중심지가 될 필요가 있다고 생각합니다. 예를 들어, 부모 교육, 아동 발달 상담, 지역 내 복지기관과의 연계 프로그램 등을 통해 아이와 가족 모두를 지원하는 체계를 만들 수 있습니다. 저희도 앞으로는 도서관·주민센터·문화시설 등과 협력해, 아이들이 더 다양한 자원을 경험하고 가정이 지역사회와 연결될 수 있도록 역할을 확대해 나가고 싶습니다.

정일균 향후 5~10년 후 보육 환경 변화에 대비해 어떤 정책적 준비가 필요하다고 생각하십니까?

최원자 저출산이 계속될 가능성이 크기 때문에, 대규모 시설보다는 소규모·맞춤형 보육 모델로 전환해야 합니다. 또, 어린이집과 지역사회가 연계한 복합형 아동센터를 늘려야 합니다. 이를 위해서는 지자체의 장기 재정 지원이 필수입니다.

정일균 마지막으로 황금동 및 대구의 보육·아동 복지를 위해 꼭 전하고 싶은 메시지가 있다면 부탁드립니다.

최원자 보육은 단순히 아이를 맡아주는 서비스가 아니라, 지역과 국가의 미래를 키우는 일입니다. 황금동과 대구시가 함께 힘을 모아, 아이들이 안전하고 행복하게 자랄 수 있는 환경을 만들어 주셨으면 합니다. 아이들이 웃으며 자라는 도시가 결국 가장 경쟁력 있는 도시가 된다고 믿습니다. 부모님과 교사, 지역사회가 함께 손을 잡고 우리 아이들을 키워나가는 문화가 자리 잡기를 바랍니다.